QUANDO as EMOÇÕES nos ADOECEM

ANDREA BRACELIS

QUANDO as EMOÇÕES nos ADOECEM

Sane seu corpo cuidando da mente e do espírito

SÃO PAULO, 2017

Quando as emoções nos adoecem
Cuando las emociones en enfermos
Copyright © 2016 by Andrea Alejandra Bracelis Baksai
Copyright © 2017 by Novo Século Editora Ltda.

COORDENADOR EDITORIAL Vitor Donofrio	**AQUISIÇÕES** Cleber Vasconcelos
EDITORIAL Giovanna Petrólio João Paulo Putini Nair Ferraz Rebeca Lacerda	
TRADUÇÃO Eduardo Caetano	**REVISÃO** Vânia Valente
DIAGRAMAÇÃO Nair Ferraz	**CAPA** Dimitry Uziel
PREPARAÇÃO Ana Lúcia Neiva	**FOTO DE CAPA** Marcelo Siqueira

Texto de acordo com as normas do Novo Acordo Ortográfico da Língua Portuguesa (1990), em vigor desde 1º de janeiro de 2009.

Dados Internacionais de Catalogação na Publicação (CIP)
Angélica Ilacqua CRB-8/7057

Bracelis, Andrea
Quando as emoções nos adoecem / Andrea Bracelis. -
Barueri, SP: Novo Século Editora, 2017. (Estante de Medicina)
Título original: *Cuando las emociones en enfermos*

1. Câncer – Pacientes – Narrativas pessoais 2. Bracelis, Andrea – Biografia 3. Mamas – Câncer – Pacientes – Biografia 4. Autobiografia
I. Título. II. Caetano, Eduardo

17-0045   CDD-926.16994

Índice para catálogo sistemático:
1. Câncer – Pacientes – Biografia 926

NOVO SÉCULO EDITORA LTDA.
Alameda Araguaia, 2190 – Bloco A – 11º andar – Conjunto 1111
CEP 06455-000 – Alphaville Industrial, Barueri – SP – Brasil
Tel.: (11) 3699-7107 | Fax: (11) 3699-7323
www.novoseculo.com.br | atendimento@novoseculo.com.br

novo século®

DEDICATÓRIA

Dedico este livro a todas as mulheres da minha família: às minhas ancestrais, às da minha geração e àquelas que ainda estão por vir, porque me disseram desde o primeiro dia do meu diagnóstico que, se eu me curasse, elas também se curariam.

Foi com essa missão e responsabilidade que vivi o meu processo com a maior consciência que me foi possível, para que as mulheres do futuro possam viver uma vida melhor, e serem melhores mães, filhas e irmãs, curando assim também os homens, para que tenhamos todos um mundo melhor.

A meus pais e irmãos, que, apesar da distância que nos separa, sempre me deram força e me levantaram quando foi necessário. A meus filhos, por enfrentarem com coragem e esperança esse desafio, superando seus medos e acreditando na magia da vida. A meu marido, por estar ali sempre pronto para navegar pelas minhas tempestades emocionais com a paciência de um santo e o amor de um adolescente.

A todas as pessoas que me ajudaram a atravessar a porta de saída da doença: foram muitos amigos, médicos, enfermeiros, recepcionistas e funcionários que, com seu carinho incondicional, me dedicaram sorrisos e palavras de alento.

Que Deus os abençoe.

PREFÁCIO

Estava em São Paulo, num meio-dia do ano de 2014, sem nem imaginar o que o destino me preparara. Uma amiga me havia dito que ia apresentar uma pessoa que, dizia ela, eu tinha de conhecer.

Naquele dia conheci a Andrea, e naquele encontro ela demonstrou suas inquietudes, suas certezas e anseios. Ela era distante e desconhecida para mim, ao mesmo tempo em que parecia que já havíamos vivido muitas coisas juntas... Não nos conhecíamos, de fato, no entanto, em pouco tempo, vivenciaríamos muitas coisas. Há uma frase daquele encontro que ficou registrada: "estive buscando".

Naquele almoço, descobrimos sonhos, uma lista de desejos em comum, o que serviu para desenvolvermos um trabalho juntas. E rapidamente nos permitiu solidificar o que, a princípio, era um encontro casual, abrindo portas para muitas coisas que ainda viriam a acontecer.

Trabalhando juntas, vimos mulheres se transformarem; observamos caminhos importantes na vida de Andrea: seu brilho aparecer, seu amor-próprio se manifestar; foi uma grande experiência! Casualidade ou não, após esse trabalho, vários do nosso grupo tomaram outras direções, como um ciclo que se encerra em vários aspectos, para que se abra novos caminhos.

Certo dia, depois da notícia do câncer, bateu-lhe uma angústia. Naquele momento, não havia dúvida, ela teria de enfrentar a doença e se curar. Tive a grande oportunidade de acompanhar uma parte do processo de cura de Andrea: a parte espiritual.

Ela seguiu determinada, firme e resoluta, dizendo que tinha de aprender e enfrentar tudo o que a doença lhe trouxera, e emergir mais forte com aquela experiência. Ela se aprofundou, mergulhou na história de sua família e de sua própria história, olhando e incluindo as experiências até então negadas, para evitar o sofrimento, que agora precisava ser superado.

Andrea teve a coragem de enfrentar os seus temores, e mirou seu olhar às mulheres das gerações anteriores de sua família, para curar e se libertar, proporcionando um caminho mais tranquilo para as próximas gerações da família.

Estive próxima, mas, mesmo em momentos em que estive mais distante de Andrea, também me curei. Vivenciei uma pendência que precisava resolver comigo mesma: a experiência do câncer de minha mãe e de meu pai. Fiz decisões, abracei minhas limitações e aceitei minha fragilidade.

Neste livro, vemos uma mulher que escolheu se alimentar das responsabilidades e das escolhas que faz. E quando os desafios se apresentam, ela decide aprender com a experiência.

Tenho certeza de que este livro proporcionará muita cura, na mesma medida em que o processo vivido por Andrea trouxe a ela. Quando uma mulher decide conscientemente se curar e ficar mais forte, essa força se expande, como este livro, que ela lança ao Universo.

YULITZA AMERICA PEREZ MARTINEZ –
consultora de Desenvolvimento Pessoal

PRÓLOGO

PROLOGO

Escrevi este livro pensando em todas as pessoas do mundo que sofrem de alguma doença, para que elas possam tentar entender essas manifestações de nosso corpo como elas realmente são: um passo para a cura, uma chance de recomeçar.

A doença é a etapa final de um problema de saúde. A doença é uma porta de saída e cabe a você não ficar parado no meio do caminho, pois os passos seguintes são vitais.

Este livro – humildemente e com a simples intenção de ajudar – conta a minha experiência com o câncer de mama. Não se trata de uma história heroica, porque não sofri um câncer grave, graças a Deus, e também não é uma história dramática, que você vai ler e ficar deprimido, comendo chocolate e tomando sorvete o fim de semana todo.

Esta é a história de como uma pessoa no auge de sua saúde e felicidade desenvolveu um câncer de mama totalmente emocional, para libertar seu corpo dos últimos vestígios de sentimentos e pensamentos errados.

Este livro não apresenta nem promove uma cura para o câncer ou para qualquer outra doença. Ele se destina a criar uma consciência para podermos avaliar a parte emocional das doenças que, em um consultório médico, na maioria das vezes, não é considerada, apesar de ser um ponto essencial para a recuperação completa.

Na parte tecnológica e farmacêutica, a medicina descobriu ferramentas incríveis e não podemos deixar de dar-lhes o reconhecimento que merecem. O problema é que elas podem resolver alguns problemas e sintomas físicos, mas os nossos sentimentos só podem ser curados por nós mesmos: nenhuma tecnologia ou ciência pode tratá-los. É nossa responsabilidade entender como nossos pensamentos afetam nosso corpo.

Devo esclarecer que não sou a pioneira desse pensamento e cito neste livro a nova medicina germânica, que descreve exatamente o que eu senti dentro de mim. Aliás, foi isso que me encorajou a espalhar esse novo conceito. Eu não conhecia a nova medicina germânica até precisar dela e, agora, quero compartilhá-la para que todos possam colocá-la em prática em sua vida cotidiana e compreender o poder dos nossos pensamentos ou psique sobre nossa biologia.

I
O CAMINHO PARA A CURA

Sou feliz. E é com essa frase tão curta que pretendo começar este livro. Não tem sido um caminho curto ou fácil. Apesar de ter 43 anos, confesso que parece que já vivi muito mais ou que comecei a vida com alguma bagagem reencarnada. Todos os homens e mulheres devem andar milhares de quilômetros, enfrentar tempestades, escalar montanhas, descer colinas e tropeçar em pedras para chegar a um estado de plenitude: a felicidade. É um estado de paz com a vida e com as provações que enfrentamos, que tornam nossa estrada mais longa e cansativa. É um caminho difícil para todos. A única coisa que pode fazer a diferença e trazer algum alívio – talvez mais para uns que para outros – é não realizarmos essa jornada sozinhos, além de fazê-lo sempre confiando nas mãos de Deus, ou na luz divina, se preferirem. Sim, Deus tem sido o meu fiel companheiro, enxugando minhas lágrimas nesta jornada e dando-me sempre a mão para me tirar das profundezas mais escuras.

A vida não é fácil para a maioria das pessoas, se não para todas, e foi esse conceito que me levou, em 2005, ao budismo, um conjunto de pensamentos e filosofias que tem sido fundamental para me ajudar a viver de forma harmoniosa.

E eu digo de forma harmoniosa porque, como dizem por aí, é preciso ter sabedoria para aceitar as coisas que não podemos mudar e coragem para mudar as que podemos. Mas acho também que é importante colocar as coisas que não podemos mudar no lugar certo, de modo que elas fiquem em harmonia e nos permitam fluir livremente, sem sofrer tanto com a aceitação. Durante a vida, encontramos muitas pedras pelo caminho. No meu caso, eu poderia começar com o divórcio dos meus pais, o abandono do meu pai, a chegada de um novo pai, abusos e abandonos constantes, amores que matam, saída da minha pátria, perda de entes queridos, meu divórcio, as dores sofridas por nossos filhos, as dores causadas por nossos filhos, mudanças etc. Como sabemos, a carga não é leve para ninguém nesta vida.

Mas, desde que me entendo por gente, acredito fervorosamente na felicidade e na ideia de que estamos aqui para ser felizes. É impossível que o objetivo principal do Criador tenha sido nosso sofrimento e que a felicidade seja algo inatingível. Tanto trabalho para construir o universo, e os seres humanos para uma finalidade tão sombria! Notem que estou falando de uma felicidade plena, impregnada na pele, não da felicidade momentânea que desaparece depois de termos conquistado um objetivo. Estou falando da felicidade que você carrega no seu sangue, que dita o seu dia a dia, mas isso não significa que não possamos ter momentos tristes ou difíceis. O importante é que, ao recuperarmos nosso centro e entrarmos nos eixos novamente, voltemos sempre a essa felicidade.

A felicidade é um conceito ou estado de definição muito complexa, e esse não é o meu objetivo. Acho que, por um lado, é uma definição pessoal, mas, ao encontrarmos a verdadeira felicidade, o significado é o mesmo para todos.

Se Deus nos criou todos iguais e semelhantes, faz sentido que a verdadeira felicidade se baseie nas mesmas coisas para todos – a diferença é a nossa forma de caminhar até ela.

Para conquistar a minha felicidade, usei muitas ferramentas. Sempre fui superligada à vida e também tenho um lado esotérico, assim como meu país, o Chile. Acho até que foi a minha terra que colocou essa parte esotérica e mística em minhas veias.

Desde muito pequena fui uma criança triste, porque meu pai desapareceu de minha vida quando eu tinha apenas dois anos. Minha cabeça não me deixava entender o que havia acontecido. Lembro-me apenas da sensação de um enorme fracasso, como se de repente alguém tivesse cortado uma parte do meu corpo, sem qualquer explicação, e eu tivesse de aprender a andar sem a perna até que, eventualmente, descobri muletas que me ajudaram a me firmar. Mas, como todas as coisas negativas costumam trazer também algo positivo, foi essa dor que me permitiu falar pela primeira vez com meus anjos e minha luz divina. Acho que eles viram uma menina com tanta dor e sofrimento que desceram à Terra para me fazer companhia e conversar comigo em meus momentos de solidão e de tristeza. Até hoje eles estão ao meu lado e falam comigo, me acompanhando sempre que preciso deles.

Foi essa luz divina que me levou a procurar a felicidade nas áreas menos convencionais durante a minha infância. Aos catorze anos, eu já lia livros sobre metafísica. Estou falando de quase trinta anos atrás – e claro que não eram livros propriamente ditos, mas sim fotocópias de outras fotocópias, já grifadas e anotadas por vários outros leitores em busca da felicidade. Talvez, se já existisse internet naquele tempo, eu teria avançado mais rapidamente na minha pesquisa!

Sem exageros, na época, o Chile era um país 99% católico, desse tipo de catolicismo radical de herança espanhola da época da conquista e do massacre dos índios araucanos. Portanto, ninguém via com bons olhos as minhas leituras, minhas limpezas de aura e meus pêndulos. Confesso que herdei isso de minha mãe. Não por acaso as próprias amigas a chamavam de bruxa e sempre diziam:

– Perguntem para a Andrea, ela é bruxa. – Minha mãe e eu temos o mesmo nome.

Embora eu tenha sido criada no catolicismo, conforme a tradição, minha mãe e minha família nunca foram à igreja com fins religiosos. Apenas em casos de emergência social, como casamentos, batizados ou velórios, mas nunca em busca de apoio espiritual.

Eu fiz a minha primeira comunhão aos doze anos, num dia 8 de dezembro, dia de Nossa Senhora da Imaculada Conceição. Fui preparada por um grupo de freiras e, para encurtar a história, depois da minha primeira confissão com um padre fiquei convencida de que aquilo não tinha nada a ver comigo e que eu deveria começar a própria busca espiritual.

Hoje fico feliz em dizer – por experiência pessoal – que a felicidade é um equilíbrio entre as partes física e mental. Isso significa que devemos ser saudáveis, ter um corpo saudável, para abrir caminho para a saúde mental e, assim, para a felicidade total. Embora isso possa parecer óbvio, eu não estou falando de saúde como um estado livre de doença física, mas de ter um corpo limpo, puro, livre de toxinas, se possível alimentado com alimentos naturais, orgânicos, enfim, um corpo ativo.

Porque, afinal de contas, você deve estar pensando: é claro, não podemos ser felizes se estamos doentes, mas essa não é a minha mensagem. Vamos falar sobre isso mais adiante neste livro.

Em geral, sempre fui muito saudável, sempre amei frutas e legumes e cresci em uma época em que ainda não estávamos saturados de alimentos industrializados ou com mil restaurantes em shopping centers. Crescemos livremente, brincando na rua, e não passávamos o dia assistindo à televisão ou jogando videogame. Na adolescência, também fui bem. Experimentei cigarro, mas nunca fumei regularmente. Comecei a beber socialmente aos 21 anos, mas isso também nunca foi um hábito ao longo da vida. Além do mais, sempre pratiquei alguma atividade física. Assim, poderíamos dizer que, dentro dos parâmetros normais, meu corpo estava do lado saudável. Quanto a doenças, nunca tive nada. Meus únicos procedimentos médicos foram duas cesarianas para dar à luz meus dois seres mais preciosos.

Mas, em 2012, ou seja, cinco anos atrás, comecei a sentir que meu corpo estava com muitos problemas. De modo geral, eu não me sentia muito bem, eram doenças que apareceram depois dos quarenta anos: uma hérnia cervical e dores nos pés que não me permitiram continuar correndo 21 quilômetros, como eu gostaria. Meus ciclos menstruais ficaram muito fortes e adotei o hábito mensal de sempre levar comigo uma muda de roupa no carro durante os sete dias do período. A qualidade do meu sono piorou muito, porque eu estava sempre preocupada em manchar a cama ou me levantar para ir ao banheiro. Além disso, mais ou menos cinco dias após o fim da menstruação tinha início um sangramento muito leve, que durava cerca de três dias. Parando para pensar, entre o ciclo propriamente dito e o começo da TPM, eu só me sentia realmente bem durante uns dez dias por mês. Que horror!

Eu também fazia muito exercício para manter o peso e o corpo atraente, mas meus níveis de energia não eram os melhores, apesar da alimentação saudável que acreditava ter.

Minhas mudanças de humor e de temperamento eram extremas, especialmente nos dias antes da menstruação. Não foi fácil para os meus filhos e meu marido. Eu estava ciente disso, mas não conseguia controlar nada e não sabia como corrigir.

A hérnia cervical foi tratada com corticoides e fisioterapia e, graças a isso, incorporei o Pilates à minha rotina e substituí a corrida pela natação.

Mas eu me sentia inflamada, inchada. A vida inteira meu intestino apenas funcionou a cada três dias, e isso afetava muito meu humor, conforme eu conseguia ir ao banheiro ou não. Acho que muitas mulheres entendem exatamente o que estou falando. Os próprios maridos, quando as mulheres têm problemas de constipação, sofrem juntos o processo emocional.

Na tentativa de resolver o problema em minha consulta anual ao ginecologista, enquanto visitava minha família no Chile, em janeiro, contei essa história em detalhes. Cheguei a confessar com grande vergonha que, nos dias antes da menstruação, os membros da minha família corriam o sério risco de serem atingidos na cabeça por algum objeto atirado por mim... (risos).

Para salvar a minha família dessa ameaça constante, fiz todos os exames ginecológicos para descartar a formação de melanomas ou qualquer outra condição que pudesse causar esses sintomas. Segundo os resultados, eu não tinha absolutamente nada. Assim, estava prestes a acreditar que eu era apenas uma mulher mal-humorada, fadada a se sentir bem durante apenas um terço do mês até chegar à menopausa, sempre correndo o risco de que, depois, meu mau humor e os sintomas piorassem ainda mais... (risos).

Quando fui analisar meus exames com o médico, ele sugeriu que aquilo era normal e gentilmente me deu uma receita que prometia deixar minha vida muito mais prazerosa e intensa. Antes de sair da consulta, tive a brilhante ideia de perguntar o que era a receita mágica. Eu não conheço muito sobre remédios, na verdade, odeio tomá-los e, ante qualquer desconforto físico, tento todos os rituais possíveis antes de ingerir pílulas mágicas.

Diante de minha pergunta, o médico – cuja principal característica eram suas bochechas vermelhas causadas pela rosácea – me disse com doçura:

– São antidepressivos.

Fiquei surpresa e respondi:

– Eu não tenho depressão. Você está me dando um tratamento para algo que não tenho e eu sei, sinto que não estou louca!

Imaginei que talvez o meu comentário sobre jogar objetos na cabeça dos meus familiares tivesse convencido o médico de um quadro de depressão clínica. Ele me disse que aquela era a única solução e que todos ficariam melhores e mais felizes naqueles dias. Peguei a receita e agradeci, mas o que eu realmente queria ter feito era gritar com ele e dizer que não estava louca coisa nenhuma. Claro que me segurei, pois essa reação daria a ele ainda mais provas do seu diagnóstico. Ao chegar diante dos elevadores da Clínica Alemã, joguei a receita de antidepressivos no primeiro cesto de lixo que encontrei. Eu estava furiosa, mas decidida a encontrar uma maneira de sair daquela montanha-russa emocional.

Na minha missão de encontrar uma solução natural, um dia, já de volta a minha casa em São Paulo, comecei a procurar por tratamentos naturais no bendito Google. Entre a vasta gama de sugestões que surgiu, havia um artigo em um suplemento chamado *La Mujer*, da edição de domingo de um jornal chileno que eu não lia havia muito tempo.

Era um artigo sobre a chef Catalina Valdés, contando que ela tinha sofrido um problema de tireoide e que os médicos tinham sugerido operar e remover a glândula, mas ela resistiu e buscou uma solução natural. Para isso, passou a estudar no Institute for Integrative Nutrition of New York e, por meio da alimentação, conseguiu recuperar sua tireoide e sua saúde.

Fiquei atônita! Era o timing perfeito: o suplemento de domingo que eu adorava e a chef do meu restaurante vegetariano favorito dizendo que tinha resolvido o seu problema de saúde naturalmente.

Não poderia ser coincidência. Na minha juventude, em 1993, foi o restaurante dela que me inspirou a ir a Nova York e ganhar experiência na área de restaurantes. Lá eu me casei, vivi seis anos e tive meu primogênito, Daniel. Fui muito feliz naquele tempo e sabia que naquela cidade poderia encontrar o que fosse necessário para me curar.

E foi assim que, em novembro de 2014, com muita coragem me matriculei no curso on-line de Coach de Saúde do Institute for Integrative Nutrition, sem nem imaginar toda a cura, a liberdade e o crescimento pessoal que isso iria trazer para minha vida.

Essa simples decisão de voltar a estudar teve um grande impacto na minha disposição de evoluir como ser humano, para recuperar os meus instintos e as histórias que havia deixado pelo caminho nas diferentes cidades em que vivi. Pela primeira vez na vida, não tive medo de gastar uma quantidade significativa de dinheiro em algo que seria importante e relevante para mim. Durante toda a minha vida sempre trabalhei, ganhei dinheiro e economizei para os outros, para a segurança e a alegria de todos, mas nunca a minha. Eu sempre fui uma pessoa generosa, que gosta de dar presentes, satisfação e conforto para os outros, mas comigo mesma eu sempre tive medo de me agradar, me mimar. Todavia, com esse processo simples de voltar a estudar, pude parar para reexaminar minha vida e foi assim que comecei a mudar a maneira como me relaciono comigo mesma. Claro que nunca pensei que chegaria a essa dimensão, mas, quando me dei conta, estava cheia de confiança novamente, disposta a retomar os estudos e os livros aos 42 anos.

Agora que escrevo o número 42, percebo que tudo começou no ciclo de sete anos que, de acordo com a ciência antropológica, promove fortes mudanças em nossa vida – e assim tem sido comigo.

Voltar a estudar, especialmente uma carreira relacionada à alimentação e ao bem-estar, tem um grande simbolismo na minha vida.

Fazia já quase quatro anos que eu tinha perdido o emprego na empresa farmacêutica onde conheci meu marido e trabalhei por onze anos.

Quando saí da firma, foi um golpe. Eu tinha sido uma excelente profissional, muito dedicada e honesta, e havia passado a maior parte da minha vida profissional naquela companhia. Como você pode imaginar, acumulei inúmeras experiências pessoais ao longo dos anos. O golpe foi particularmente duro porque perdi meu emprego depois de um ano morando em São Paulo, cidade gigantesca que eu pensei que iria dominar facilmente, como minhas outras experiências. Mas eu estava errada. Quando morei em Nova York, diziam que "if you can make it in New York, you can make it anywhere", algo como "se você consegue se virar em Nova York, consegue se virar em qualquer lugar". Porém, não é bem assim!

Cheguei a uma cidade enorme, desconfiada, insegura e cinzenta, começando uma nova vida com dois filhos que não queriam saber de São Paulo e lamentavam nossa distância do Chile, onde havíamos passado os últimos dois anos e desfrutamos do aconchego de nossa família depois de quinze anos de eu ter emigrado. Perder o emprego naquela época foi apenas mais um golpe! A situação financeira de nossa nova família era complicada, e os primeiros anos em São Paulo foram muito difíceis. Mas esse simples ato de iniciar uma nova carreira me deu a esperança de me reinserir no mercado de trabalho e socialmente. Eu já tinha dado aulas particulares de inglês e espanhol, abri um estúdio de cerâmica e tentei várias outras coisas, mas voltar ao mercado farmacêutico nunca foi possível por razões que não vale a pena mencionar.

Com isso, eu voltava a me reconectar com o primeiro amor e a paixão da minha vida: a comida, a alimentação.

2
MINHA ARTE

A comida sempre foi minha arte, minha maneira de me expressar e dar amor aos meus familiares. Desde a geração de minha avó, as mulheres da minha família gostam de cozinhar. É muito claro para mim que tudo isso começou com ela, porque minha bisavó Amanda, a quem conheci bem, odiava cozinhar e preferia passar fome a preparar uma refeição.

Já minha avó e minha mãe cozinhavam verdadeiros banquetes, não necessariamente sofisticados, mas eram essas comidas caseiras do meu país que fortalecem nossa alma.

Eu não sei como aprendi a cozinhar. Sei que minha mãe me passou algum conhecimento básico de como fazer arroz e outras coisas, mas eu sempre gostei de vê-la cozinhar. Acho que isso ficou impregnado em mim.

A primeira vez que cozinhei foi aos doze anos. Meus pais haviam viajado para os Estados Unidos e, na época, meus irmãos tinham 6 e 3 anos. Ficamos sob os cuidados da empregada doméstica ou da babá da vez, e de minha "avodrasta", que não era necessariamente muito melhor. A hora do almoço parecia um velório, especialmente para meu irmão de 6 anos, que não comia nada e chorava de saudade dos meus pais (e porque a comida era ruim... risos).

Foi assim, aborrecida por ver meu irmão tão triste, que me arrisquei a cozinhar para aliviar a tristeza que sentimos quando nossos pais viajaram.

Aos 21 anos, me formei tecnóloga de alimentos pela Universidade de Santiago, no Chile, especializada em serviços de alimentação. Eu sempre quis ter um restaurante de orientação saudável ou vegetariana. El Huerto era meu lugar favorito e foi por essa razão que, pós-formada, emigrei para Nova York para aprender sobre restaurantes e comida. Meu objetivo era voltar ao Chile com as ferramentas necessárias para abrir um restaurante. Acabei retornando apenas quinze anos depois, com um divórcio, dois filhos e muitas histórias para contar.

A comida sempre foi uma maneira de me manter próxima de minha terra e matar minha saudade do Chile, transferindo minha cultura e meu amor a meus filhos e amigos. Foi isso que fez da minha casa o centro das reuniões de amigos e muitas festas! A mesa me permitiu preencher o vazio de minha família com uma família postiça que me deixou muitos momentos de alegria e belas memórias.

Vivi essa vida de restaurante, com as mãos na massa, durante seis anos, mas a abandonei porque esta passou a ser também a profissão do meu primeiro marido e pai dos meus filhos. É uma carreira que requer muitas horas de trabalho e sacrifício, e quando virei mãe ficou muito difícil acompanhar o ritmo. Depois de uma crise financeira em nossa família, decidi mudar e encontrar outro trabalho que me oferecesse mais estabilidade econômica. Contudo, meu ex-marido continuou na área de alimentação até muito recentemente e, de uma forma ou de outra, sempre meti a colher quando me foi permitido. (risos)

Hoje, como coach de saúde, a alimentação e a gastronomia voltaram a desempenhar um papel central na minha vida, algo que me faz sentir plena e feliz.

Embora o objetivo aqui não seja criar um livro sobre nutrição ou dietas milagrosas, acho que devo dedicar algumas páginas para explicar as mudanças em minha dieta e em minha saúde. Em nenhum momento pretendo recomendar qualquer tipo de dieta a ser seguida, embora algumas coisas sempre tenham efeitos positivos para qualquer pessoa. Algo que aprendi com Joshua Rosenthal, fundador e professor do IIN, foi a importância da bioindividualidade – em outras palavras, o que funciona para mim pode não funcionar para todos, pois tudo depende de muitos fatores, como estilo de vida, genética, cultura, tipo sanguíneo. Por isso que as dietas da moda comercializadas e generalizadas só podem funcionar por um tempo e, em seguida, a maioria das pessoas regressa a seu estado inicial ou fica ainda pior.

Eu sempre tive um peso razoável e uma constituição magra, mas ao mesmo tempo meus braços, pernas e ossos sempre foram fortes. Meço 1,67 metro e sempre pesei entre 62 e 63 quilos. O recomendado para minha altura é igual ou superior a 58 quilos e não superior a 62 quilos. Para a quantidade de atividade física que eu praticava, esses números deveriam ser mais baixos, mas eu não conseguia perder peso de jeito nenhum. De qualquer forma, esse nunca foi o meu objetivo. Meu problema era principalmente minha digestão que, com sorte, funcionava a cada três dias e me dava dores terríveis no cólon que às vezes me deixavam com raiva, triste e enfraquecida por três ou quatro dias. Eu tinha também todos os meus problemas menstruais e TPM que, até então, nem considerava, pois ainda não sabia que poderia melhorá-los por meio da alimentação.

Quando comecei a estudar, minha meta era uma terapia pessoal para me ajudar a resolver os meus problemas. O curso dura um ano e tem foco em medicina integrada e holística, ou seja, vê a saúde como um todo, sempre integrando a parte emocional e os sentimentos ao corpo. Por isso, ele nos ensina a resolver as causas e não os sintomas de qualquer situação de saúde, que normalmente não é a visão da maioria dos médicos de hoje. O objetivo não é tomar uma aspirina todos os dias se você sentir dor de cabeça e sim investigar mais a fundo para descobrir a causa dessa dor de cabeça e tentar resolvê-la mudando seus hábitos de vida para, eventualmente, eliminar os sintomas da dor de cabeça.

Conforme as aulas foram avançando, descobri que eu sofria da famosa síndrome do intestino irritável. Assim, comecei a deixar de lado o glúten e a lactose, que há muito tempo eu já não consumia na forma de leite, apenas em queijos e outros derivados. Com isso, incorporei o também famoso ritual de água com limão pela manhã, cuidando também de minha hidratação no decorrer do dia e aumentando significativamente o meu consumo diário de legumes e verduras, especialmente de folhas verdes. Quanto à atividade física, já não corria mais 10 km três ou quatro vezes por semana, porque nem a minha dor no pé nem minha hérnia me permitiam. Também não fazia musculação e acabei por optar por atividades mais calmas, como Pilates duas vezes por semana e natação duas outras vezes. Reduzi quase 50% minhas atividades físicas e meu tempo na academia. Tirei de minha cabeça a obsessão de treinar seis vezes por semana e começou a desaparecer o desespero que eu sentia quando não conseguia malhar ou quando a academia estava fechada.

A cada dia, os episódios de desconforto diminuíam de frequência. A lactose não foi muito difícil de deixar de lado, mas o glúten sim. Com a quantidade de carboidratos simples que temos nos supermercados e em nossa dieta, e com o meu gosto por pães, bolos e doces, foi bem difícil. Socialmente, temos glúten em todos os lugares, restaurantes e eventos, em quase todos os alimentos processados – e também em alimentos que nunca imaginamos. Apesar disso, sempre tive a esperança de que a minha intolerância ao glúten acabasse, mas todas as vezes que tentava reintroduzir – ainda que meio inconscientemente – a menor quantidade de glúten em minha dieta o resultado era péssimo. Meu intestino se irritava e parecia que haviam bombeado litros e litros de gás para dentro de mim. Além disso, ali começava o famoso ciclo de três ou quatro dias sem ir ao banheiro e, em seguida, três ou quatro dias sem parar de ir ao banheiro. Com isso, meu temperamento e meu humor ficavam tão ruins que nem eu mesma me aguentava.

O corpo é muito sábio e certamente a maior obra de arte e ciência da história. Eu sei que isso parece óbvio, mas devo dizer também que é algo que esquecemos constantemente. Quis mencionar isso nesta parte do livro porque cada vez que minha cabeça me traía e eu me convencia de que podia comer um biscoito ou um pedaço de pão normal, algumas horas depois de cometer o pecado, meu corpo reagia como uma mãe que quer defender o filho. Eu ficava toda arrepiada, tinha colite e dores de estômago tão fortes que pareciam um exorcismo. Parando para pensar, acho até que foi mesmo como um exorcismo digestivo e mental. Como todos nós somos dotados de algum grau de inteligência, caí na armadilha umas três ou quatro vezes, mas, depois, quando o diabinho sentado no meu ombro me incentivava a comer glúten, o anjinho no outro ombro me dava uma olhadinha e eu entendia que não havia pão ou biscoito que valesse tanto mal-estar.

E assim, me reconectando ao meu corpo e aprendendo a ouvi-lo quando ele falava comigo, comecei a entender quais eram os alimentos que me faziam bem e quando era apenas um desejo ou a falta de algum nutriente. Os meus níveis de energia aumentaram dramaticamente e após seis meses eu havia perdido 5 quilos de gordura. Meu corpo mudou drasticamente e eu me tornei uma mulher muito mais feliz e calma: eu tinha descoberto uma versão melhor de mim mesma e estava feliz. Além disso, pude ver que as pessoas com quem eu convivia também perceberam e elogiaram a minha mudança.

Surpreendentemente, minha TPM e os meus ciclos menstruais começaram a ser mais leves e esses dias deixaram de ser os momentos mais marcantes e relevantes do mês. Surpreendentemente, meu desejo de comer açúcar e meu amor pelos carboidratos foi diminuindo, levando assim meu índice glicêmico a um nível saudável.

Joshua Rosenthal disse várias vezes ao longo do curso: – *Walk the talk*, ou seja, pratique aquilo que você prega. Em um plano físico e emocional, seria como uma pessoa que irradia de dentro para fora aquilo que sente. E eu senti que era o que estava acontecendo comigo, porque as pessoas do meu convívio passaram a me elogiar e dizer que eu estava bem. Embora eu tenha consciência de meus atrativos – como toda mulher – sabia também que esse bem-estar que eu irradiava vinha de dentro, da paz interior, da felicidade e da aceitação comigo mesma.

Minhas amigas me perguntavam o que eu havia feito e, quando eu respondia, elas me pediam ajuda. Foi assim que comecei a fazer coaching com os outros – primeiro, gratuitamente, e depois como profissão. Entendi que eu sabia o básico, mas via também que, com tanta oferta de produtos industrializados e com o marketing dos meios de comunicação, as pessoas haviam perdido contato com seus instintos. Senti que era meu dever ajudar quem me procurava.

Nesse ano de estudo, eu redescobri uma Andrea feliz, animada e alegre, com muita vontade de viver e crescer. Continuei refinando os detalhes da minha nutrição e, com esse processo de limpeza e desintoxicação corporal, foram reaparecendo em minha vida as ferramentas de vida espiritual que eu tinha perdido muito tempo atrás, quando morava nos Estados Unidos. Também obtive novas ferramentas por meio de pessoas maravilhosas. Essa limpeza corporal me permitia atrair o que eu precisava para recuperar a limpeza da minha mente, minha aura, e o universo respondeu muito generosamente, colocando no meu caminho pessoas extraordinárias, que compartilharam seu conhecimento para me guiar e me ajudar a chegar até aqui.

Criei, então, a Sintonize Seu Peso, minha pequena empresa, cujo objetivo era divulgar que um peso saudável é o resultado da sincronização de muitos fatores de saúde do nosso corpo e que, se estamos fora do peso desejado, devemos alinhar outros detalhes para a saúde invadir nosso corpo e para que esse peso saudável seja um resultado espontâneo do realinhamento interno, sem sofrimento nem restrições desnecessárias.

O ano foi progredindo, e também minha saúde e minha mente. A meditação, que eu havia incorporado à minha vida em 2005, com o budismo, tornou-se novamente parte da minha rotina diária. Eu estava calma, plena, com um casamento feliz, realizada como mulher e como ser espiritual. Foram chegando diferentes instrumentos para alinhar a minha saúde física e mental.

Reapareceram em minha vida as tigelas tibetanas, ritual que eu praticava com frequência nos Estados Unidos para alinhar os chacras. Conheci também o detox de fígado e vesícula do médico alemão André Moritz, que fez maravilhas com o meu sistema linfático e retirou toneladas de raiva do meu fígado, acumuladas ao longo de 43 anos. Este foi o segundo exorcismo vivido por mim e por minha família, que teve de aguentar enquanto eu liberava toda essa raiva. Naqueles dias, minha filha, que foi uma santa ao me apoiar inconscientemente durante todo o processo, me perguntava:

– Mãe, o que você tem agora, TPM ou detox do fígado? Você está chata demais! (risos). – E o pior era saber que ela também sabia que ainda faltava botar muita coisa para fora!

3
ENCERRAMENTO DE 2015

O fim de 2015 chegou rápido e recebi o mês de dezembro com uma felicidade e uma calma que eu não sabia que existiam em mim – ou tinha esquecido. Em dezembro me formei como coach de saúde, recebendo o maior presente de transformação que ganhei na vida, com uma nova profissão que me fascinava e me estabelecia nessa nova cidade à qual tanto resisti. Foi na verdade um ano de abertura e fechamento de ciclos. Além de encontrar uma nova profissão e me certificar como coach de saúde, eu e meu marido compramos nossa primeira casa desde que passamos a morar juntos, havia seis anos. Finalmente pudemos construir um lar de acordo com os nossos gostos, nossas histórias, nossa família. Mas era difícil projetar essa casa em minha mente porque um evento muito significativo também ocorreu nesse ano: meu filho Daniel se formou na escola e foi estudar nos Estados Unidos.

Foi muito emocionante e chorei em silêncio por sua partida por várias razões. Em primeiro lugar, porque ele estava tranquilo e poderá empreender o futuro maravilhoso que ele merece e que esperou com tanta ansiedade. Segundo, porque eu não queria que a minha filha me visse triste – sei que ela também percebe que a partida do irmão me afeta. E, terceiro, porque se eu chorar e desabafar com meu marido ele não vai entender e pode pensar que estou fazendo drama... (risos). Ele vai me dar motivos e explicações que, na sua cabeça, deveriam me acalmar, e eu entendo e aceito, mas esse choro é um choro com raízes no passado, que traz consigo muita história. Como eu disse, é um choro atrasado, e existem vários como ele. É o tipo de choro que nós, mulheres e mães, mantemos escondido, para chorar quando ninguém está olhando. Guardamos esse choro porque, naquele momento, temos de ser fortes para os outros. Pensando nisso, acho terrível que nós mesmas condicionemos nossa liberdade de sentir e chorar. Como sempre digo a uma amiga que me ajuda com seu trabalho sobre as constelações familiares, um dia a vida vai me enviar alguma coisa para chorar e eu não vou conseguir parar até me livrar de tudo isso de uma vez. Confesso que às vezes me assusta o que poderia me fazer chorar de uma vez por todas, mas sei também que a vida envia o que você precisa no momento para evoluir. É com essa filosofia que tento receber o que ela me dá, especialmente as coisas que não parecem tão boas.

Mas a verdade é que a partida de Daniel fechava um ciclo, uma dor e um medo que estavam adormecidos em anos anteriores e agora ganhavam vida com a sua formatura na escola.

Divorciei-me quando Daniel tinha 9 anos e minha filha, 3. Após três anos vivendo uma vida de mãe solteira, sem família próxima, decidi voltar para o meu país. Não entrarei em detalhes porque geraria outro livro, mas, em poucas palavras, eu estava cansada, trabalhava com a intensidade dos americanos e me sentia física e mentalmente esgotada. Cuidar da casa e criar meus filhos da maneira que eu achava que devia era muito difícil em um país de valores familiares e costumes tão diferentes dos meus. Isso estava colocando muita pressão sobre a minha saúde, até que entendi que, para que as crianças cresçam bem, precisam que sua mãe também esteja bem. Assim, em 2008 decidi voltar para o Chile depois de quinze anos. Foi difícil, principalmente porque deixei para trás uma estabilidade financeira que me permitia sustentar os meus filhos sozinha, e isso me dava muita tranquilidade. Além disso, eu estaria separando meus filhos do pai, que continuaria nos Estados Unidos. Foi um ato necessário, de sobrevivência, e hoje eu tenho 100% de certeza de que fiz a coisa certa. Se eu pudesse escolher novamente, faria a mesma coisa outra vez.

Pessoalmente, como mãe e mulher, a consequência mais difícil da separação foi viver constantemente com medo que meus filhos me deixassem, especialmente Daniel, porque ele foi o primeiro, era menino e poderia querer viver perto do pai. Inclusive, nos dois anos em que moramos no Chile, houve momentos em que ele me questionou sobre isso. Eu me mantive firme, porque sabia que para eles era melhor crescer ao meu lado, não porque eu seja mulher (acho que um homem pode conseguir criar os filhos – todas as pessoas e casos são diferentes), mas meu ex-marido simplesmente não tinha condições de criá-los sozinho. Se eu não as tive quando estava nos Estados Unidos, ele também não teria. Não tínhamos família próxima, trabalhávamos muito e o divórcio não tinha facilitado em nada.

Continuei firme na posição de que ele só poderia sair de casa quando fosse para a universidade. Essa possibilidade sempre existiu, porque pagamos um plano de estudos para ele e para minha filha no exterior. Ou seja, seria algo inevitável, mas eu respirava fundo e controlava meu medo, afinal, faltavam oito anos para a faculdade. Como não há prazo que não se cumpra, esse dia chegou por fim.

Fiquei feliz por ele, mas não pude deixar de lamentar sua partida, que significava muitas realizações e o fechamento de um ciclo. Eu quero que ele vá e se torne o homem maravilhoso que pedi tantas vezes a Deus que me ajudasse a criar, mas a dor da partida não desaparece assim tão fácil. A emoção de ter conseguido mantê-lo comigo durante o tempo que eu tinha proposto me deixava satisfeita e magoada. Eu me lembrava também de como minha mãe sofria toda vez que imaginava que meu pai poderia ter me levado embora. Não sei se esse medo foi herdado, mas a verdade é que desde a minha bisavó todas as mulheres de nossa família foram separadas e mães superlutadoras. Esse é um medo que se arrasta de geração em geração. Não digo que seja um carma, mas é um fato ou uma tarefa que se está tentando resolver em cada uma das nossas gerações. Como ninguém parece fazer esse trabalho como deveria, o fardo passa para a próxima. Confesso que é assim que me sinto e que é minha função na vida resolver e aliviar essa carga para que meus filhos possam ter uma vida diferente.

Sempre digo que a vida é irônica. Estou construindo a casa da qual tanto sonhamos, mas no fundo isso não me preenche completamente porque sei que quando chegar o dia da mudança teremos uma estrutura familiar diferente. Sinto que tudo isso chegou muito rápido e creio não estar totalmente preparada. Você pode ler essas linhas e pensar: *mas que mulher mais dramática*! Ou talvez se identifique e pense: *ela se sente como eu me sentia ou como me sinto*. O objetivo principal não é que você me critique ou me julgue, embora eu saiba que, ao escrever um livro, assumi o risco de receber críticas e julgamentos. Meu objetivo é que você conheça os meus sentimentos para entender o impacto que eles tiveram na minha vida – o impacto das emoções fica em nossa mente e em nosso corpo por tempo considerável. Podemos pensar nos nove ou sete meses de gestação. Esse abrigo dentro da mulher – pelo tempo necessário – dá à luz vida, então, seria lógico pensar que, se mantivermos um sentimento ou uma emoção dentro de nós por algum tempo, algo deve nascer, algo novo deveria aparecer em nossa vida, algo deveria crescer dentro do nosso corpo.

4
2016

Eu estava feliz e os primeiros dias de 2016 prometiam ser cheios de experiências incríveis. Eu fazia muitos planos para minha nova profissão: terapias de coaching, reiki, meditação, aulas de culinária. Eu me jogava na vida com tudo para alcançar a plenitude que esperava havia muito tempo, mas, antes, eu e minha família planejamos merecidas férias na Bahia. Uma boa dose de vitamina D daquele sol mágico, água de coco e aquela terra avermelhada aliviaram todo o cansaço acumulado em 2015, abrindo um 2016 maravilhoso e cheio de energia.

Eu me sentia diferente, estava em um estado interior ou emocional diferente. Não era um estado negativo, era um estado de conformidade com a vida, em paz, aceitando meu entorno e as situações que a vida me apresentava com uma disposição diferente.

Estava superconsciente, ligada em todos os meus sentidos, apreciando a natureza e os meus entes queridos, mas havia algo que me incomodava, não necessariamente de uma forma negativa. Era como um estado de sensibilidade e percepção maior do que o normal, como se algo estivesse por vir e eu tivesse de ficar atenta para não ignorá-lo.

Apesar de estar em férias, em dezembro eu havia comprado três livros da ginecologista americana Sara Gottfried. Em 2015, ela tinha visto muitas pacientes do sexo feminino com esgotamento da glândula adrenal devido ao estresse, o que gerava níveis de cortisol (hormônio do estresse) completamente fora do normal. Isso resultava em uma inflamação generalizada, excesso de peso, dificuldade para perder peso independentemente do tipo de alimentação e, acima de tudo, cansaço extremo e muita instabilidade emocional.

Em 2015, tivemos uma aula com essa médica e ela nos contou sua experiência com o estresse e a dificuldade de perder peso. Ela nos falou também como havia resolvido o seu problema de forma natural, por meio da alimentação e do controle do estresse, em seu caso, especificamente, com aulas de yoga.

Achei sua aula interessantíssima e, conforme fui adquirindo mais experiência com minhas clientes, sabia que aquilo seria de enorme utilidade. Assim, quando viajei para os Estados Unidos, comprei todos os seus livros para poder retransmitir sua mensagem e seu conhecimento.

Não foi uma leitura muito fácil, porque hormônios são um assunto complicado, tanto na teoria como na prática (nós, mulheres, sabemos disso muito bem!). Mas, apesar da dificuldade, me dediquei inteiramente à leitura, queria compreender aquilo e ajudar as pessoas.

À medida que fui avançando nas 400 e poucas páginas do primeiro livro, descobri, para minha surpresa, que eu tinha quase todos os sintomas de vários desequilíbrios hormonais, coisas tão simples como sangramento excessivo em meus ciclos, mãos e pés sempre frios, suores noturnos, fadiga e cãibras nas pernas durante a noite, alterações de humor, desespero por doces etc. Pouco a pouco, conforme eu ia descobrindo todos os sintomas de um possível desequilíbrio hormonal, a imagem do rosto do meu ginecologista foi se formando na minha mente. Senti muita raiva e uma vontade incontrolável de jogar todos aqueles livros nas suas bochechas vermelhas de rosácea.

Eu me senti impotente e burra. Como é que um médico que fritou seu cérebro durante sete anos ou mais na faculdade de Medicina não tinha conhecimento desses detalhes e uma simples coach de saúde, em menos de um ano – e graças à Dra. Sara –, havia encontrado resposta para todas aquelas dúvidas que às vezes me fizeram pensar que eu estava possuída ou prestes a perder a minha sanidade?

Depois de acalmar minha raiva, certamente graças ao verde vivo que me rodeava nesses dias de Bahia, continuei avançando na leitura com minha modesta inteligência. Não tenho nenhuma dúvida de que o sal daquele mar tão brilhante, os eletrólitos da água de coco e a vitamina D, todos tão generosamente cedidos pela natureza, me ajudaram a assimilar todo esse conhecimento.

Foi como abrir uma caixa de Pandora: era tanta informação para ler e entender que comecei a tomar notas e decidi preparar um seminário para levar aquela mensagem a outras mulheres, de modo a tornar a vida mais fácil para muitas de nós que constantemente sofremos bullying quando o assunto é TPM. Adquiri muito conhecimento com os quais me identifiquei totalmente. Estava claro que eu tinha vários desequilíbrios hormonais leves que tinham começado em meus trinta anos. Acho que começaram devido ao estresse incontrolável causado por anos de problemas conjugais e excesso de trabalho, tanto profissional como em casa. Os hormônios têm um efeito dominó: se apenas um sai do lugar, começa a estragar tudo. Mas, aos 43 anos, os sintomas que mais identifiquei em mim eram excesso de estrogênio ou baixos níveis de progesterona.

No livro, a médica faz referência a mamografias, um tema em que pensei muito ao longo desse ano de mudança de hábitos alimentares e estilo de vida. Como minha formação em coach tem uma abordagem alimentar totalmente natural e não industrializada e um estilo de vida meio natureba, fica difícil optar por tratamentos da medicina convencional. Nos últimos tempos, houve muita polêmica sobre quantas vezes você deve fazer mamografias. Antes, recomendava-se que fosse uma vez por ano depois dos quarenta para mulheres sem histórico de problemas de mamas na família. Hoje, alguns países europeus recomendam não se expor à radiação anualmente e sugerem que o exame seja feito a cada dois anos.

No meu caso, sou uma mulher de mamas densas e fibrosas, que se inflamam facilmente. Um exame de toque caseiro não é ideal porque os meus seios são como o relevo da cordilheira dos Andes: mudam de acordo com os dias do mês, de tamanho e textura. Se eu me baseasse apenas no exame de toque, marcaria consulta todos os meses, em pânico, sempre que encontrasse alguma imperfeição. O primeiro episódio que tive com essa experiência foi quando tinha doze anos.

Eu tinha acabado de começar a menstruar e descobri um pequeno caroço em um dos meus seios. Minha lembrança seguinte sou eu sentada em uma maca, expondo meus seios para as lentes de um médico, e minha mãe chorando como uma viúva italiana atrás da mesa. Conclusão: eu não tinha nada, apenas mamas densas e fibrosas.

Em um dos capítulos do livro da Dra. Sara, ela menciona que as mulheres com mamas densas têm 50% mais chances de desenvolver câncer de mama. Com essa simples informação, decidi continuar com meu ritual, adquirido aos 39 anos, de fazer uma mamografia por ano, por mais desagradável que seja ter os seios esmagados contra a tal placa de vidro!

Como tudo o que é bom acaba rápido, terminaram nossas férias na Bahia. Trouxemos de volta muitas memórias e um bronzeado fascinante, além do incontrolável desejo de voltar quando pudermos. Obrigada, Senhor, por ser o mais maravilhoso arquiteto do mundo e nos abençoar sempre com suas paisagens celestiais.

5
VIAGEM A SANTIAGO

Quando vim morar no Brasil, depois de ter passado dois anos no Chile, aceitei me mudar de país mais uma vez contanto que pudesse viajar com meus filhos para o Chile todo mês de janeiro, para visitar minha família. Combinamos também que viajaríamos ao Chile sempre que houvesse algum evento importante que quiséssemos ver de perto.

E, assim, em janeiro de 2016, meu marido – que é um santo – cumpriu mais uma vez sua promessa e foi comigo e com meus dois filhos para o Chile. De vez em quando ele merece ser torturado também pela sogra, e não somente pela esposa.

A verdade é que essas viagens ao Chile não têm nada de férias. Primeiro porque minha família não é convencional. Quando a apresentei ao meu marido, fui muito gráfica na descrição e perguntei:

– Você já viu o filme *Casamento Grego*?

Ele inocentemente respondeu que não, e eu disse:

– Bem, minha família é como a do filme.

No íntimo, agradeci a Deus pela ignorância de meu marido e entendi que isso aumentava a possibilidade de nossa relação dar certo.

Dito isso, a casa de meus pais é como um cabaré que funciona a maior parte do dia. Meu padrasto, com quem vivi desde os dois anos, é da segunda geração de palestinos e daí creio que decorre a semelhança com os gregos. Além da religião católica ortodoxa, eles compartilham a capacidade de falar num volume de decibéis fora do socialmente aceitável, com uma paixão sem limites pela comida e pela buzina do carro como meio de comunicação.

Com essa breve descrição, não preciso entrar em detalhes para explicar por que é impossível descansar quando estou na casa dos meus pais. Além disso, existem lá dois lindos milagres que foram adicionados à família: meus dois sobrinhos de dois anos. Um deles é filho de minha maravilhosa cunhada, que é russa. Não sei se isso nos distancia ou aproxima ainda mais do estilo de vida grego, mas com certeza torna a comunicação ainda mais desafiadora, especialmente quando eu aprendi apenas duas palavras russas em três anos: vilka (esquilo) e riba (peixe), e isso só porque em uma viagem a Boston meu sobrinho repetiu tais palavras cinquenta vezes por dia. Quero esclarecer também que escrevi essas palavras russas como são pronunciadas. Escrevê-las no misterioso alfabeto russo é tarefa para a próxima encarnação. Grata pela compreensão.

Meu segundo sobrinho, que é também meu afilhado (meu sobrinho russo é afilhado de meu marido), tem a capacidade de subir a escada da casa de minha mãe umas 200 mil vezes por dia cantando o alfabeto em inglês ou contando até vinte. Ele me surpreende por ser o único homem que conheço que consegue fazer duas coisas ao mesmo tempo. Às vezes me pergunto se ele mudará com os anos e ficará como os outros homens, que só conseguem fazer uma coisa de cada vez.

Mas independentemente do cenário caótico, esses dias são cruciais para o desenvolvimento de meus filhos. Confesso que eu também não ajudo, porque tento aproveitar todos os dias ao máximo. Planejo um esquema de viagem repleto de visitas, como se fosse o presidente Obama. Visito todo mundo que posso, tentando recuperar o atraso do resto do ano. Aliás, esse ano tive de recuperar décadas de reuniões, porque desde que comecei meu trabalho como coach, por razões de marketing, tive de entrar no mundo das redes sociais e, com isso, magicamente, reapareceram memórias de todas as minhas histórias de vida: amigas de escola, do ensino médio, professores. Enfim, dá para imaginar que essa viagem prometia encontros históricos.

Como faço todo ano desde que emigrei para o Brasil, agendo para janeiro todas as minhas consultas médicas, faço meus exames ginecológicos, a famosa mamografia e o perfil biológico. Estou acostumada a fazê-los no Chile porque é mais econômico, além do que a Medicina lá também é boa e a logística da cidade me permite fazer tudo com menos estresse e tempo.

Estou muito curiosa, pois nos últimos anos o meu colesterol estava com tendência de aumento e meu índice glicêmico sempre perto do limite do normal, mas, com meus novos conhecimentos de saúde, minhas exigências também eram maiores e eu havia posto em prática tudo o que sabia para que os resultados dos exames fossem excelentes.

Férias na minha terra natal são sempre muito divertidas, porém, cansativas. Como todos os anos, quando as férias lá acabam, eu digo que preciso de férias das férias. Meu marido às vezes passa algum tempo lá conosco – acho até que ele ocasionalmente precisa dessa atmosfera grega. Nós nos amamos muito e, sempre que nos reencontramos, sinto-me muito agradecida. Na volta, nos reconectamos com mais amor e mais energia, permitindo-nos amar um ao outro como se fôssemos adolescentes.

Hoje é quinta-feira, 21 de janeiro, e já nos aproximamos do último fim de semana no Chile. Meu marido está vindo nos encontrar e se juntar a nós para o aniversário do meu sobrinho-afilhado. A festa promete muito barulho e muito açúcar, como qualquer bom aniversário chileno, mas hoje devo correr para fazer a tal da mamografia antes de ir embora.

No início da semana, marquei hora com o médico das bochechas vermelhas para fazer um papanicolau e, de quebra, antes de mudar de médico, queria esfregar na cara dele o livro de Sara Gottfried, na esperança de que ele se dignasse a lê-lo e pudesse ajudar outras mulheres hormonalmente desequilibradas.

Corro como uma louca para chegar à Clínica Alemã do Chile. Por alguma razão, os minutos parecem durar menos e, além disso, está cerca de 34 graus de tempo seco. O simples ato de respirar faz queimar nossas vias respiratórias, mas, dentro da clínica o ar-condicionado é responsável por congelar e ressecar o suor de forma tão fulminante que ficamos prestes a pegar um resfriado chileno (que ninguém merece!). Parei diante das oito portas de elevadores tentando decifrar qual seria a bendita que me levaria até São Pedro, e é preciso ficar muito atenta ali. Se perder o elevador, o próximo pode demorar uma eternidade para chegar.

Ao vencer o desafio das portas, chego a uma recepção lotada de mulheres grávidas e outras esperando para fazer seus exames anuais. A recepcionista, muito simpática, me avisa que o médico tinha saído para fazer um parto de emergência e que minha consulta havia sido cancelada. Reclamo por não ter recebido um aviso prévio, mas ela diz que foi enviado um e-mail. Claro, ela não tinha como saber que minha internet só funciona com wi-fi, já que, com os preços da telefonia no Brasil, internet móvel é um luxo desnecessário. Enfim, acalmo minha frustração por não poder esfregar o livro na cara do médico e penso na possibilidade de fazer o exame na volta ao Brasil. Porém, como eu já estou na Clínica, pergunto se não havia outro médico para me atender. Ela checa o sistema e diz que sim, dentro de trinta minutos. Com aquela lotação toda, encaro a disponibilidade como um milagre e decido esperar.

Ao entrar no consultório, cubro o médico com milhões de perguntas. Eu não havia passado um ano estudando para chegar e simplesmente aceitar todos os rituais médicos, sem, pelo menos, esclarecer as dúvidas que eu tinha. O homem, muito amável e de cujo nome não me lembro, disse:

– Calma, vamos examiná-la e depois decidimos o que é mais conveniente para você.

Depois de gentilmente apalpar tudo o que podia ser apalpado, ele argumenta que, para o perfil dos meus seios, o ideal seria uma mamografia por ano.

Ao sair do consultório e correndo contra o relógio das férias, liguei para a clínica onde costumo fazer mamografia, mas eles não têm horário até o próximo mês. Parece que a quantidade de seios em todo o mundo aumentou consideravelmente! Mas eu queria terminar o processo todo no Chile e, por isso, tentei a sorte e perguntei na Clínica Alemã se por acaso eles não teriam um horário para o dia seguinte.

É sexta-feira, 22 de janeiro, e eu tenho de voltar a São Paulo no domingo. Meus sentimentos se dividem entre vontade de ficar ao lado de minha família e voltar para a minha casa e minha rotina. Para começar com os rituais de despedida, convido minha mãe e minha filha Rachel para almoçar no Huerto. Embora elas não sejam vegetarianas, sabem que é o meu lugar favorito e que eu adoro esse ritual, por isso me acompanham solidariamente.

Entramos no restaurante e a atmosfera é encantadora. Parece que o tempo não passou. O lugar tem a mesma energia e o mesmo ambiente de minha adolescência, quando eu sonhava em ter um lugar como esse e gostaria de poder passar todos os meus dias aqui.

Chega o cardápio e, como sempre, quero pedir e comer todos os pratos existentes. Como tenho consciência de que isso é impossível, peço uma quantidade um pouco exagerada, como que querendo desafiar os limites do meu estômago. Sei que não conseguirei comer todos os pratos, mas definitivamente tentarei comer o máximo possível.

É um sentimento conhecido e, se você vive longe de seu país, talvez também o reconheça. É uma reação que geralmente acontece quando se aproxima o dia da partida: queremos comer de tudo, comprar tudo, visitar todo mundo, ficar acordados 24 horas para absorver o máximo do ambiente, como que tentando recarregar as baterias para sobreviver aos momentos de saudades.

Como tudo o que posso e o que não posso também, ciente das emoções que estão por trás dessa fome insaciável. Pelo menos, é comida vegetariana! Por fim, exclamo, do fundo da alma, que há momentos tão simples que trazem a felicidade completa.

Minha mãe e minha filha, ansiando por um bom pedaço de proteína animal, olham para mim tentando respeitar o meu momento filosófico.

Fomos para a Clínica onde eu faria meu exame e me deixaram lá. Mais tarde, passariam para me pegar e passaríamos juntas os últimos dias restantes na minha terra.

Mais uma vez, as oito portas desafiam minha coordenação motora para não perder a oportunidade de subir no próximo elevador. Como já havia feito isso no dia anterior, achei menos difícil e, com uma agilidade surpreendente, embarquei no primeiro elevador.

Entreguei meus documentos e, quando perguntei sobre a data de entrega dos resultados, a simpática secretária me disse que como eu estava voltando para o Brasil, os resultados seriam entregues em vinte minutos. É preciso dizer que essa eficiência justificou a diferença de preço com relação a outras clínicas.

Enquanto aguardo na sala de espera, vejo entrarem duas mulheres. Uma delas chora silenciosamente, imagino que esteja passando por problemas de saúde e que está aqui para continuar seu tratamento. Eu a observo e mando minha energia de amor e conforto por meio de símbolos de reiki. Imagino como deve ser devastador passar por essa situação. Enquanto espero, percebo que na televisão passa a sinopse de um filme sobre câncer de mama, cuja protagonista é a espanhola Penélope Cruz. A televisão está muda e não consigo ler muito bem as legendas, mas não é necessário, não preciso de todos os sentidos para compreender a mensagem.

Aparece Penélope com seus cabelos lindos e femininos, desfrutando da companhia de seus dois filhos e de outros membros da família. Na cena seguinte, a mesma Penélope aparece raspando os cabelos aos prantos na frente de um espelho, em um ato de total impotência. Não entendo como podem passar essas cenas em uma sala de espera para câncer de mama, e me sinto ainda mais triste pela mulher que está chorando ali perto. Confesso que até hoje não sei se foi coincidência passar esse filme ou se foi a programação escolhida. Pela primeira vez, os documentários da National Geographic, em que leões destroçam zebras e devoram suas entranhas, parecem menos cruéis e mais apropriados. Ouço meu nome sendo chamado, esqueço-me do filme e entro sorridente para fazer o exame.

Entro na sala de mamografia e o procedimento é surpreendentemente rápido. Normalmente, eu demoro mais do que o habitual, as enfermeiras têm dificuldade para obter uma boa imagem devido à densidade dos meus seios, mas acabamos rapidamente e sou encaminhada para o ultrassom de mama.

Com muita amabilidade, sou recebida por uma médica que claramente não é chilena, tem uma melodia diferente no falar. Pergunto de onde ela é e ela reforça ainda mais o seu sotaque argentino, não deixando dúvidas de sua origem. Começamos a conversar e eu me pergunto se ela também tem esses ataques de gula quando visita seu país, mas opto por ficar quieta para ela não achar que sou louca.

Começamos com a mama direita e eu já aviso que tenho uma grande calcificação que é sempre examinada minuciosamente pelos médicos. Mas ela não se sente muito atraída pela descoberta e passa para o outro lado. Adicionando um pouco mais daquele gel gelado que faz com que seus mamilos se contraiam como se fosse inverno, percorre toda a área e se detém na parte superior do meu seio esquerdo. Com um ar um pouco menos alegre, me diz:

– Você tem algo em seu seio esquerdo que eu não sei dizer se é maligno ou não, mas não se preocupe, há 90% de chance de não ser nada.

Por fim, ela acrescenta:

– Assim que voltar ao Brasil, faça logo uma biópsia para determinar o que você tem... Se tiver de fazer algum tratamento e desejar fazê-lo perto de sua família, não hesite em me procurar quando voltar ao Chile.

Naquele momento, eu não precisava mais da biópsia. Eu sabia e estava 100% ciente de que tinha um câncer de mama.

Compreendi de uma vez todas as mudanças que aconteceram na minha vida no ano anterior, os livros que havia escolhido ler sobre os riscos do câncer de mama e, acima de tudo, entendi que Deus tinha aberto todos os espaços necessários para que eu descobrisse o meu diagnóstico. Eu já sabia que 2016 seria um ano desafiador, mas não como eu tinha imaginado.

Agradeço sua gentileza e, ignorando sua atitude consoladora, me visto rapidamente, secando todo aquele gel que me faz sentir presa. Espero pelos resultados e me vejo novamente diante das oito portas, mas dessa vez a minha cabeça está tão saturada de pensamentos que é um desafio entender em qual elevador devo entrar, até que alguém segurou a porta e perguntou se eu estava descendo. Por inércia, chego até a porta de saída, onde o sol do deserto me deixa cega. A verdade é que não sei o que devo fazer nos próximos minutos. A única coisa que sei é que tenho mais três dias com minha família e não direi a ninguém que existe a possibilidade de eu ter câncer de mama, embora já seja um fato. Despedidas são sempre dramáticas e nós não precisamos de mais drama se pudermos evitar.

No piloto automático, digito no celular o telefone de meu marido. Ele atende com aquela voz de escritório, mas muda de tom quando percebe que sou eu. Com doçura, ele me diz: – *Oi, amor.* Eu não consigo falar nada. Entre soluços, tento relatar o que havia acontecido.

Ele me pede calma e repete mil vezes que tudo vai ficar bem e que não vai ser nada, mas eu sei, eu sei, e venho recebendo sinais há meses para entender o que estava por vir. Concordo com o que ele diz porque não faz sentido contradizê-lo, e minha cabeça está inundada com imagens do fim de semana passado, quando nos amamos intensamente como se fosse um reencontro depois de anos. Lembro-me de me sentir tão feliz e amada que sentia medo de tanta felicidade. Eu sentia que algo estava vindo e não sabia como explicar. Alguma coisa não me deixava relaxar e curtir o momento, alguma coisa que eu não conseguia distinguir.

Eu sinto dor e tristeza por ele e por minha família, porque sei que o futuro não será fácil. Gostaria de livrá-los dessa situação, mas não sei se serei capaz.

À distância, ouço a risada de minha mãe e minha filha e as vejo dentro do carro. Vieram me buscar e, rindo, me contam que enquanto me esperavam comeram todos os bolos e doces pouco saudáveis que não puderam comer no vegetariano. Estão fartas de glúten e açúcar, e dá para perceber a excitação de ambas provocada pela quantidade de açúcar. Sorrio e as cumprimento pela travessura. Entendo mais uma vez que eu escolhi guardar esses sentimentos para proteger os outros e sinto novamente como as tristezas guardadas se aprofundam ainda mais em minha alma para abrir espaço para as novas. Com um sorriso de orelha a orelha, digo a minha mãe que tudo correu bem, como sempre.

6
DE VOLTA PARA CASA

Chegando a São Paulo, respiro fundo e tento juntar toda força e energia para avançar nesse novo caminho, nessa nova tarefa que a vida me deu. Ainda preciso falar com um médico, fazer a biópsia e receber o diagnóstico, mas eu não preciso de nada disso, eu sei que tenho câncer de mama. E não quero que você pense que sou pessimista. Não tenho nenhum sintoma, meu seio não dói, não dá para sentir o nódulo, que mede 0,9 milímetro. Pensando em como me sinto física e psiquicamente, devo dizer que nunca me senti tão bem na vida. Não me sinto doente, minha imunidade é muito forte, não pego um resfriado há mais de dois anos, coisa que, antes de eu mudar minha alimentação, acontecia quase todo mês, inverno ou verão, frio ou calor.

Estou me esforçando para infundir nessas linhas como tenho me sentido nos últimos meses. Eu me senti muito feliz, muito completa, muito saudável e muito em paz comigo mesma e com minha vida. Acho que eu aceitei muitas coisas e me livrei de outras, mas sentia que esse ano algo grande aconteceria, algo que mudaria minha vida. No início, eu não tinha certeza do que seria. Pensei que talvez fosse um ano muito próspero para minha nova profissão, eu sabia que tinha a ver com a saúde e meu trabalho. Aprendi muito esse ano trabalhando com meus pacientes e, por meio de minhas leituras e experiências, compreendi um novo significado da palavra doença, um significado que procurei e recebi para poder ajudar as pessoas que estavam passando por essa experiência.

Eu entendo que a doença não deve ser encarada como uma coisa negativa. Claro, num primeiro momento isso não é fácil de entender, mas, antes de avançar com a minha definição, quero que você entenda nosso corpo como o de um mamífero, como parte da natureza, sempre instintivamente fazendo o possível para permanecer vivo. A doença é nada mais do que um ato de sobrevivência, uma forma desesperada de nosso corpo alertar que algo não está funcionando bem em nós e que é hora de prestar atenção. Se não houver nenhuma doença não existe doença a curar.

Com esse pensamento, essa é a última vez que menciono a palavra câncer. A partir de agora, tentarei falar apenas em AV, ou seja, Apego à Vida. No meu caso específico, falarei de AV de mama e convido vocês a usarem essas palavras sempre que falarem de seu estado de saúde, independentemente de qual ele seja, compreendendo que nosso corpo fica doente para nos dar uma oportunidade de escutá-lo e curá-lo.

Finalmente, chegou a hora marcada com o médico para ver minha mamografia. Ele me explicou que provavelmente era benigno, mas que, se não fosse, seria um tratamento curto e rápido. Ele destacou que eu não deveria me deixar levar pelo drama, que não seria nada letal e que aquilo tampouco me deixaria inútil. Com muita graça, me disse para não ver filmes de Hollywood relativos a dramas de saúde. Internamente, eu ri, como se ele soubesse que eu tinha visto o filme de Penélope Cruz. Ele disse que minha realidade era diferente, assim como a da doença também. Hoje, agradeço profundamente por essas palavras e compreendo a diferença crucial que fizeram a apresentação do diagnóstico e as palavras do médico. Explicarei mais a seguir.

Prossigo e marco um horário para fazer a biópsia, como ele havia sugerido. Faço tudo com calma, aceitando o processo que a vida me prepara. Se tem uma coisa que aprendi em minha busca por espiritualidade é que Deus nunca nos dá um peso maior do que podemos carregar. Deus é vida e a vida sempre nos apoia e protege.

Fico emocionada e sei que não posso reclamar daquilo que tenho de viver, pois o diagnóstico não depende de mim nem está sob meu controle. Na minha condição de ser humano, me pergunto instintivamente *por que eu?* e, em um átimo, refuto esse pensamento, me acalmo e me pergunto *e por que não eu?*. Prometo a mim mesma descobrir nesse processo a divindade e a missão que a vida me concedeu – nada acontece por acaso, tudo tem um propósito.

Acho que vale a pena mencionar um pouco sobre o processo de biópsia, especialmente se você tem de passar por ele. Quando enfrentamos uma situação desconhecida, é a falta de conhecimento ou referência o que mais nos perturba.

No meu caso, o processo não doeu nada e não precisei de qualquer anestesia. É um procedimento invasivo em termos de exposição, já que você fica em um quarto relativamente pequeno com três pessoas olhando para o seu seio, que fica totalmente exposto. Seja como for, uma mulher nessa altura da vida, se já fez algum exame ginecológico e teve filhos, sabe que a privacidade não é algo característico do sexo feminino (risos).

O procedimento é desconfortável, mais pela manipulação do que pela dor. Ao fim, me mostraram o tubo com a amostra e pude ver um vermelho intenso, bonito e limpo, flutuando calmo e relaxado. Entendo que não estou doente, meu corpo está mais saudável do que nunca, exatamente como tenho me sentido ultimamente.

Estamos no final de janeiro. Enquanto espero pelos resultados, me lembro de que o feriado de carnaval no Brasil está se aproximando. É um dos feriados mais celebrados do país. Em novembro, eu havia planejado uma viagem a Machu Picchu para esses dias, e a única pessoa que quis ir comigo foi minha filha. Por um momento, me pergunto se poderei viajar mesmo, mas depois reflito e concluo que não foi por acaso que, pela primeira vez em treze anos, tinha marcado uma viagem para nós duas. Entendi que essa viagem teria um significado que nunca antes tinha imaginado. Eu sempre quis conhecer Machu Picchu e, sendo chilena, não é uma viagem difícil, já que o Peru é um país vizinho, mas entendo que tinha reservado esse roteiro para uma ocasião especial. Suspiro e vem à minha cabeça que lá é uma das sete maravilhas do mundo, um lugar que está sempre na lista dos cem lugares para visitar antes de morrer. Sorrio ironicamente e me entrego à minha fé.

Os dias passam tranquilamente à espera do diagnóstico, em cumplicidade com meu marido. Ele não duvida de que tudo ficará bem e que o diagnóstico será benigno. Mas eu me preparo para enfrentar o meu próximo desafio de vida, medito e rezo com fervor, não para pedir a cura ou a vida, apenas força e coragem para enfrentar essa provação da melhor maneira possível.

Os resultados chegam à minha casa e, quando os abro, entendo que o resultado não é benigno, mas meu marido pensa o contrário. Digo: "Bem, é melhor não pensar em nada, não somos especialistas, melhor ir ao médico".

O consultório médico fica perto do Hospital Sírio-Libanês, em um bairro agradável que ainda reflete certo ar aristocrático do passado. O consultório, ao contrário, é pequeno, sem grandes luxos. Vê-se que a prioridade do médico é atender adequadamente. O valor da consulta é regular, mas o seu currículo profissional é excelente. Agradeço a vida por tê-lo colocado no meu caminho. Ao entrar, recebo um sorriso gentil, mas não exagerado. Ao ver o envelope com o diagnóstico, ele me diz calmamente que não é bom, que tenho um AV de mama, mas ainda dentro do mesmo perfil que falamos anteriormente. Ele acredita que vai ser um pesadelo rápido, algo que vencerei e esquecerei rapidamente. Em segundos, sinto o calor da mão de meu marido apertando a minha. Lágrimas rolam por meu rosto e choro mansamente, não por mim, porque sempre fui uma mulher corajosa e de grande fé, sempre aceitei os desafios da vida, mas choro pelos outros que estarão comigo nessa caminhada, meus filhos, meu marido, minha mãe, meus irmãos e as tristezas que isso tudo lhes poderá causar.

Em poucas palavras, o perfil do meu AV é de 0,9 milímetro, tubular, ósseo e cresceu no duto mamário. É invasivo de grau 1, não é *in situ*, nem o melhor diagnóstico de todos, mas ainda é muito positivo e fácil de superar.

Ele explica que eu deveria fazer uma cirurgia para remover o nódulo e analisar se os gânglios linfáticos estão comprometidos. Os tratamentos seguintes serão sem dúvida radioterapia local no meu seio esquerdo, o lado comprometido. A quimioterapia não se sabe com certeza se será necessária, somente após o exame imunológico realizado no tecido que será removido na cirurgia. Ele esclarece que, caso a quimioterapia seja necessária, não será um tratamento intravenoso, mas sim comprimidos, e que não terá as consequências normalmente associadas à químio, como queda de cabelo, náuseas e vômitos. Suspiro.

Ele me diz que acredita que meu tipo de AV de mama é hormonal, receptor de estrogênio. Interrompo-o, pedindo que me explique melhor, porque eu só sabia que havia AV de mama em diferentes graus, mas não sabia que havia mais do que uma possibilidade.

Ele explica que um AV de mama pode ser causado por uma célula doente produzida em outro órgão, frequentemente no caso da mama pode ser uma célula doente da tireoide que caiu na corrente sanguínea e se alojou nas mamas. Esse diagnóstico seria mais complexo porque seriam dois problemas para resolver: o da mama e o da tireoide, além de existir o risco de outra célula doente se alojar em outro local. Geralmente, associa-se o AV de mama a risco nos ossos, pulmões e fígado.

Ele relata que o perfil do meu diagnóstico é mais para as pessoas na faixa dos sessenta anos e que não é comum aos 43. Na maioria das vezes, na minha idade, os AVs de mama são mais agressivos e fatais.

Diante de sua explicação, lembro-me das conversas eternas com meu ginecologista sobre os meus sintomas de TPM, fluxo menstrual excessivo, mudanças de humor, e penso em todos os sintomas que identificara no livro da Dra. Sara, que eu havia lido há apenas dois meses e que me ajudou a descobrir que eu provavelmente tinha excesso de estrogênio. Acho que, se meu ginecologista tivesse levado minhas queixas a sério nesses últimos três anos, poderia ter evitado esse acidente.

Respiro, fechando meus olhos lentamente, recebendo a mensagem de que esse AV está em processo de cura, que era para eu tê-lo desenvolvido aos sessenta anos, mas que meu corpo, no nível de saúde e de vida que tinha alcançado, estava expulsando-o com antecedência para me curar de vez. Enquanto recebo a mensagem, não entendo se ela tem fundamentos reais ou médicos, mas eu aceito e agradeço a Deus por suas palavras. A partir daquele momento, enraizaram-se em mim as palavras que me acompanharam ao longo da minha jornada. Estou saindo da doença, não entrando. Amém.

Conto ao médico que estou com uma viagem marcada para Machu Picchu em dois dias. Ele responde tranquilamente que devo viajar mesmo assim e que não há razão para cancelar nada. Disse que, se demorasse um mês para operar, não faria diferença. Concordo com sua explicação, mas não sei se terei força e integridade emocional para enfrentar essa viagem a sós com a Rachel.

7
COMPARTILHANDO O DIAGNÓSTICO

Meu pressentimento de um AV se torna realidade e é com isso que devo tomar o caminho para a cura. Mas os procedimentos médicos que virão me obrigam a compartilhar esse diagnóstico com minha família, e é aí que o AV dói profundamente.

Choro, sofro e sinto muita dor por meu marido. Estamos juntos há cerca de oito anos, e há dois anos e meio decidimos nos casar novamente, como voto de amor eterno. Hoje, porém, apresento a ele esse desafio.

Eu gostaria de poder poupá-lo da dor e peço desculpas por colocá-lo nessa situação, por lembrar-lhe assim da fragilidade da vida, mas ele me abraça e me garante que tudo vai ficar bem.

Começo a planejar e organizar os passos seguintes e é nesse momento que as emoções se tornam um fluxo de lágrimas de dor e tristeza. A dor que causarei em meus filhos é a que mais me atormenta, a que mais dói. Eles não tiveram uma vida muito fácil e precisaram lidar com emoções difíceis, e agora aparece isso. Como posso explicar que vou ficar bem, como posso garantir que continuarei perto deles, se na verdade nem eu tenho certeza disso.

Daniel já tem dezenove anos e acaba de ser admitido na universidade. Vai para os Estados Unidos estudar em breve e isso de certa forma me conforta e alivia. Se eu lhe faltar, ele já está com a vida encaminhada, começando uma nova fase. Respiro consolada.

Então eu penso em Rachel, com seus treze anos, e não há consolo. Não quero deixá-la sozinha nessa fase da vida. Ela precisa de mim como tantos filhos precisam de sua mãe, eu sei. Em seus poucos anos de vida, passou por vários dias de tristeza e falta de esperança, não quero ser mais um fardo, não quero que ela pense que a vida é apenas difícil e dura. Quero que ela cresça com a alegria de viver em liberdade, com o amor pela vida que eu sempre tive. Mas, de repente, isso tudo me parece muito desafiador.

Decido fazer a viagem a Machu Picchu, embora admita que poderia ter ficado jogada na cama vendo os minutos passarem. Entendo, porém, que se eu cancelar a viagem estarei contradizendo a minha mensagem de que tudo passará e ficará bem.

Penso em minha mãe e choro de novo, porque eu também sou mãe e sei o quanto ela sofrerá com isso. Se um dos meus filhos me contasse que tem AV, meu corpo todo seria ferido, mas entendo que não seria capaz de evitar e que deveria enfrentar a situação. Decido que só contarei para minha mãe quando voltar da viagem, porque sei que se ela souber antes e não conseguir falar comigo durante esses dias isso só vai piorar seus pensamentos e suas emoções.

Em cinco minutos de pensamento, encontro-me imersa em um drama hollywoodiano daqueles que o médico me mandou evitar. Enxugo minhas lágrimas, mas não adianta. Continuam rolando lágrimas colossais de tristezas antigas, de quando eu era criança, de quando fui mãe, de meu divórcio. Caem lágrimas da minha vida que haviam sido reprimidas por muito tempo. Minha previsão estava se cumprindo: a vida estava me dando um motivo para chorar até limpar todos os prantos reprimidos. Agora era a hora de limpar tudo e, com esse pensamento, deixei esvaziar minhas histórias amargas de dor, perdas, abandonos, abuso e rejeição.

Faltam dois dias para a visita a uma das sete maravilhas do mundo e eu ainda estou esperando o melhor momento para falar com meus filhos. Já estou começando a duvidar que tal momento sequer exista. Quando subo até o quarto de Daniel para chamá-lo, meu enteado, que está passando uns dias conosco, me pergunta o que houve com seu pai. Eu respondo:

– Nada, por quê?

Ele diz que sua irmã desconfia que algo sério aconteceu, porque ele anda muito triste, mas não fala nada. Respondo a ele que seu pai está bem, que não se preocupasse, que o problema é comigo, não com ele. Nisso, meu filho acorda e, ainda sonolento, me pergunta o que aconteceu. Sem possibilidade de escapar, peço a ele que desça para que eu explique tudo e o tranquilize.

Em segundos, os dois adolescentes, com o rosto ainda marcado pelos lençóis, se encontram na sala, me observando atônitos. Daniel me pergunta o que houve e eu respondo que meus exames de mama anuais indicaram um AV pequeno, fácil de tratar, e que terei de fazer uma cirurgia dentro das próximas semanas. Evito usar o nome genérico do AV porque sei que o impacto seria maior, e ele me responde em seu inglês nativo:

– *You have to be kidding me* (Você só pode estar de brincadeira).

Vejo a frustração em seu rosto, ele mexe nos cabelos e começa a andar em círculos, mas, antes de deixá-lo perder-se em seus pensamentos, falo com uma coragem que saiu do meu ventre, o mesmo ventre que o carregou por nove meses. Digo a ele que está tudo bem, que é um AV em estágio inicial, que o médico disse que minha vida não estava em perigo, mas que teria de fazer os procedimentos médicos adequados. Ele me abraça com os braços de um homem forte que muitas vezes desconheço e me diz que sabe que eu vou ficar bem, que não tem nenhuma dúvida disso. O silêncio inunda a sala. Tento quebrá-lo com o meu ritmo acelerado, querendo continuar com a rotina do dia. Observo-o subir as escadas enquanto assimila a notícia em silêncio e descrença. Suspiro e evito a todo custo quebrar a calma e o controle que tinha mantido até o momento.

Durante o almoço, os pratos permanecem quase intactos e eu me pego pensando em quais alimentos comer para ajudar a enfrentar esse desafio da melhor maneira possível. Entendo, porém, que isso não é necessário, já que estou há mais de um ano vivendo em plena saúde. Deixei de consumir proteína animal, exceto ovos e peixe, que consumo raramente, perdi cinco quilos que nunca tinha tentado perder e, assim, estou no meu peso ideal, meu nível de gordura é perfeito, não fumo, bebo raramente e, em pequenas quantidades, pratico esporte cinco vezes por semana e meu intestino funciona como um relógio depois de tantos anos de perturbação. Eu me cuido de forma consciente, fazendo meus exames médicos anuais e de repente me pego pensando *you have to be kidding me*. Penso em por que uma mulher de 43 anos, com um estado de perfeita saúde, sem histórico de AV de mama na família, está agora nessa situação.

Assim como a Daniel, me parece irônico que uma coach de saúde, que já ajudou tanta gente a se sentir melhor e enfrentar a vida de uma forma saudável e consciente, se encontre hoje nessa situação. Sei que devo entender tudo isso e descobrir um propósito, que o desafio é ainda maior. Como posso continuar a pregar e cobrar de todos uma vida saudável – sendo que o objetivo principal desse estilo de vida é não ficar doente – se hoje estou do outro lado?

Estou cansada e a tarde passa lentamente. Tenho tanta coisa para pensar e entender, mas prefiro descansar. Devo esperar Rachel voltar da escola e recebê-la com as minhas emoções controladas para explicar esse novo desafio que nos espera.

Tento meditar, um hábito que adquiri há muitos anos, mas não consigo. São muitos os pensamentos que invadem minha cabeça. Respeito minha condição e deixo estar, permaneço sentada e sinto um aperto no peito. Entendo que é melhor falar logo com Rachel e me livrar desse peso, pois sei que ficar nervosa e preocupada não é favorável à minha saúde, especialmente agora.

Saio para buscá-la na escola, chegamos em casa e, depois de deixá-la descansar, digo que precisamos conversar. Ela reclama, perguntando: *O que foi desta vez?* Está preocupada, esperando uma bomba. Eu me pergunto quantas vezes na vida já a chamei para dar notícias preocupantes – para ela reagir dessa maneira –, mas mesmo assim sigo em frente. Explico que os exames feitos no Chile revelaram um problema e que tenho um AV de mama, nada grave, nada que não possa ser resolvido. Ela não se segura e começa a chorar, me pedindo que não morra, que não a deixe, que não a abandone.

– Não me deixe, por favor, o que vou fazer sem você? – ela diz, chorando.

Sem dúvida, esse foi o momento mais doloroso da minha vida: ver sua fragilidade, seu medo, seu contato direto com a morte. Eu choro por sua dor e a abraço, com a promessa de que superaremos tudo e que ficarei ao lado dela por mais muitos anos. Digo que ela é forte e que sempre ficará bem, comigo ou sem mim. Ela pergunta:

– Você vai morrer?

Eu digo que não, não vou morrer disso nem agora. Abraço-a com força, encharcando meu colo com suas lágrimas. Tenho fé e rezo para que não seja agora a minha partida, não por mim, porque não tenho medo da morte, mas por meus filhos, especialmente Rachel, que ainda é uma criança.

O resto da tarde transcorre em silêncio. As lágrimas de Rachel acompanham cada minuto até anoitecer. O jantar é testemunha de nosso ânimo abatido, meu marido tenta acalmar o pessimismo e o medo dos meus filhos e eu o acompanho com otimismo e uma alegria meio fingida, pedindo que nos concentremos no feriado, pois em um dia viajaremos a Machu Picchu e temos de aproveitar o que a vida nos oferece.

No silêncio do meu quarto, posso me soltar e deixar minhas emoções fluírem. Choro por meus filhos e meu marido. Como eu queria poder poupá-los desse sofrimento! Percebo o impacto que tem a palavra "genérica" para AV de mama, a energia e o impacto que ela produz cada vez que é pronunciada. Com isso, decido retirá-la de meu vocabulário. Não é necessário usá-la, pois não traz qualquer benefício ou informações necessárias. Ou talvez eu não sinta que eu esteja passando por esse processo. Não me sinto doente, não dói nada, não me falta energia ou vontade de viver. No ano passado, me senti mais saudável que em toda a minha vida.

Foi nesse momento que eu decidi olhar para dentro de mim, para me conectar novamente com o meu instinto, que tinha estado dormente em toda essa loucura de consultas médicas. Eu sempre soube que somente nós temos as respostas, e o corpo é o nosso melhor aliado. Estou determinada a acalmar meus pensamentos, deixar meu interior livre para ouvir o meu corpo, meu coração, meus seios, minha mente, ouvir a Deus, minha luz, e entender como eu realmente estava.

Acalmo minha mente e me abro para receber mensagens. Mais uma vez, escuto:

– Estou saindo da doença, não entrando.

Isso faz sentido. Entendo que estou no pico da montanha, descendo para chegar a um estado de saúde. Lembro-me das minhas palavras tantas vezes ditas a meus pacientes sobre o poder de cura da doença, a chance de sarar e reiniciar, e assim me reconforto em meus conhecimentos. O pensamento da morte está totalmente associado à palavra genérica de AV e eu entendo que isso não pertence a mim, que devo remover essa palavra do meu vocabulário. Encaro a morte cara a cara e sei que esse não é o processo que estou vivendo. Lembro-me de que nunca senti que essa era a hora de partir. Só consigo pensar no momento em que Rachel chorou inconsolavelmente me pedindo para não deixá-la.

Eu nunca tive medo da morte. Entendo-a como um processo de evolução, acredito que a vida não termina aqui, portanto, não há lugar para o medo. Eu me sinto saudável e vital.

Lembro-me de que quando comecei a estudar me sentia doente, com muitos sintomas físicos que me incomodavam, mas pouco a pouco fui vivendo um processo que me ajudou a mudar meu corpo, minha saúde e minha mente. Por meio de minha formação de coach em saúde, nasceu um novo eu. Não fazia sentido que depois de pouco mais de um ano, esse fosse o desfecho da história. Sabia e sentia que não era algo do meu corpo e, como se eu tivesse uma tela gigante na frente dos meus olhos, comecei a ver imagens em que eu chorava pela partida de Daniel para estudar no exterior. Era como se alguém tivesse me gravado às escondidas e agora me mostrasse o vídeo. Pude ver a mim mesma chorando no carro, no banheiro, a cada momento em que estava sozinha, antes de dormir, secando minhas lágrimas escondida do meu marido, me vi sofrendo em silêncio e com absoluta clareza descobri que meu AV de mama era emocional e não físico.

Esse pensamento fazia muito sentido, era a resposta que meu corpo tinha me dado. Eu tinha estado tão ligada a ele ao longo do último ano que não podia ignorar sua mensagem. O mais incrível é que essa mensagem me deixava tranquila, fazia sentido e me acalmava. Não foi por acaso que o sofrimento por meu filho afetara meus seios. Tinha toda a lógica, já que nossas mamas nutrem e protegem nossos filhos durante as semanas mais frágeis e importantes de sua vida. Com essa descoberta, me senti satisfeita, e uma tranquilidade me invadiu por eu ter uma resposta e uma lógica para o que estava vivendo. Assim, dormi tranquilamente e feliz por entender o que estava acontecendo.

A Pachamama estava falando.

Chegamos ao aeroporto de Guarulhos às cinco da manhã, cansadas, com os olhos inchados, denunciando nossa noite de choro.

Estou calma e satisfeita com meu diálogo interior que tinha me dado essa informação valiosa. Sinto-me cansada pela noite em claro, mas ao mesmo tempo renovada e em paz. Ainda me sinto triste por minha filha chorar constantemente. Ela fica grudada em mim, como que para evitar que eu me vá, e permito que ela viva seu processo. Nos próximos dias, vou me concentrar em mudar os seus pensamentos.

Enquanto esperamos a chamada para embarcar, recebo uma mensagem de texto de uma amiga de escola que havia reaparecido recentemente em minha vida, graças à magia do Facebook. Quando crianças, éramos como irmãs, mas depois dos treze anos mudamos de escola e perdemos o contato. Nós tínhamos nos falado por telefone quando eu estava no Chile. Ela é psicóloga infantil e trabalha com hipnose, por isso lhe perguntei sobre a possibilidade de um curso de hipnose para aplicar em meus clientes no curso de reeducação alimentar. Ela estava escrevendo para me falar sobre um curso de hipnose que aconteceria nos próximos dias. Suspirei, entendendo que esse projeto – como tantos outros – teria de ser adiado. Em seguida, contei a ela o que estava acontecendo para que pudesse entender a razão para essa súbita mudança de planos.

Ela me responde que eu ficaria bem, que deveria sarar por todas as mulheres da minha linhagem; que se eu me curasse, elas também se curariam. Que eu deveria me curar por minhas gerações futuras, por meus filhos e pelos filhos dos meus filhos. Suas palavras me tocaram e também me ajudaram a entender e aceitar esse novo desafio em minha vida. Ela me pede que nos dias seguintes eu medite com uma luz lilás ou violeta, imaginando meu corpo entrar em uma caverna com uma luz violeta que percorre o meu corpo e passa pelo meu seio, limpando, curando. Aceito seu pedido, pois sei que a luz violeta renova e cura, e adoto esse ritual para me acompanhar no restante da travessia.

A viagem até Cuzco é cansativa, ainda mais depois das últimas semanas. Não há voo direto e demoramos cinco horas para chegar a Lima. Lá, esperamos mais uma hora para pegar o avião para Cuzco. Tentamos dormir durante o voo, mas sem muito sucesso. Minha filha chora a maior parte da viagem. Eu a abraço e mimo, explicando que vai ficar tudo bem, mas também choro por meu AV, não por mim, mas pela tristeza de minha filha. Apesar de tudo, estou confiante de que ela vai ficar bem.

Chegamos a Cuzco e somos recebidas pela guia, uma mulher encantadora, com uma luz muito branca e limpa, na faixa dos setenta anos, e que me lembra de minha bisavó e minhas tias-avós. Ela reclama da chuva e do frio e nos conta que chove sem parar há dias. O frio nos incomoda, mas o cansaço não nos permite nem reclamar. A altitude nos fustiga, a exaustão e nosso próprio peso corporal nos deixam tontas.

Chegamos entre 16 e 17 horas. A guia nos recomenda passar o resto da tarde tranquilamente no hotel, dando um passeio pelos arredores para podermos nos aclimatar à mudança de altitude. Não hesitamos em seguir suas instruções, nosso corpo não nos permitiria fazer nada diferente. Por isso, subimos para o quarto para desfazer as malas.

O hotel, muito agradável, parece um palácio colonial de trezentos anos. O quarto é confortável, mas em poucos minutos o frio lá fora começa a esgueirar-se para dentro. É um frio diferente, seco, que nos envolve e abraça. É invasivo e nos atordoa, acentuando ainda mais nosso cansaço. Decidimos refugiar-nos no restaurante do hotel em busca de comida quente. Em seguida, depois de um banho que leva nossas últimas forças, decidimos dormir e começar nossas caminhadas no dia seguinte. Rachel já não chora mais. Acho que a altitude segurou suas lágrimas. Sorrio, beijo-a nas faces e caímos em um sono profundo.

    Acordei muito cedo. Rachel ainda está dormindo ao meu lado, toda esparramada, aproveitando cada centímetro de sua cama. O quarto está frio, nos esquecemos de ligar o aquecimento. O ar gélido machuca minhas narinas. Quero levantar e ligar o aquecedor, mas o conforto da minha cama me impede de arriscar a pôr o pé para fora. Desisto, me afundo nas cobertas e começo a rezar para agradecer por esse novo dia e pedir consciência para enfrentar o novo desafio da melhor maneira possível. Peço que não me abandone e começo a meditação da caverna violeta, induzindo meu corpo a se curar. Deixo-me levar pelo calor dessa luz violeta que me acalma e acolhe com um carinho maternal. Consigo percorrer meu corpo e deter-me em meio ao seio ferido. Percorro-o e vejo em minha mente uma manchinha quase preta, com um toque de violeta, como a da berinjela. Entendo que é o meu tumor e fico observando, deixo estar. Não o culpo nem o odeio. Aceito-o e digo que vou respeitar o seu tempo e que vou ajudá-lo a sair quando chegar a hora – sei que ele é parte de mim.

    Com os olhos ainda fechados, ouço um ruído e, de repente, um soluço de princesa seguido por um grande bocejo dissipam minha luz violeta. Um bom-dia deixa claro que terminou minha meditação. Rachel reclama de frio e me pergunta sobre meus rituais de cura. Ela quer saber se já rezei e fiz a meditação com a luz violeta. Quando ela se certifica de que os meus rituais foram cumpridos adequadamente, acena com a cabeça, contente que eu esteja fazendo de tudo para sarar.

– Vamos! – disse ela animada, esquecendo-se por um momento de meu novo desafio de vida. Em poucos minutos, de banho tomado e arrumadas, descemos para tomar o café da manhã no hotel.

Embora minha alimentação já fosse bastante saudável, desde o diagnóstico decidi ser ainda mais rigorosa com o consumo de glúten e açúcar, de modo a ajudar a minha imunidade e deixar um ambiente mais hostil para o tumor morrer. Ao chegar ao salão de chá, vejo que não será fácil. Não existe nada sem glúten, mas não reclamo. Preparo uma xícara de chá bem quente, peço uns ovos mexidos com legumes e problema resolvido! Rachel, como um daqueles furacões do Caribe, arrasa com todo o bacon que está no buffet e come como se tivéssemos subido e descido os Andes umas quinze vezes. Observo-a, lembrando com alegria a minha própria adolescência. Fico feliz por sua vitalidade e agradeço a Deus por sua existência.

Depois do café da manhã, saímos às ruas. Rachel me garante que não me deixará carregar nenhum peso durante toda a viagem. Após a biópsia, devemos evitar carregar peso com o braço correspondente, mas Rachel sem dúvida exagera e me trata como se eu estivesse incapacitada. Descemos a rua e, de tempos em tempos, com sua vibração feminina, ela me pergunta se estou bem, se estou cansada, se estou com frio etc. Vejo que terei de andar na linha sob seu olhar vigilante.

Parou de chover durante a madrugada, e Cuzco nos recebe esplendidamente, com frio, mas um sol brilhante e um céu límpido, impecável, de um azul tão intenso que nos faz pensar que estamos a poucos passos do céu.

Cuzco, cidade localizada nos Andes peruanos, a 3400 metros de altitude, foi a capital do império inca e, em suas ruas, ainda se pode sentir a magia daquele povo. Conforme avançamos e nos aclimatamos ao frio e à altitude, os habitantes locais começam a encher as ruas, principalmente mulheres com saias longas e coloridas, que as tornam tão características. Geralmente, estão sempre carregando uma criança escondida nas costas, protegida por toneladas de mantas. Seus rostos trazem em si a história daquela terra, do trabalho duro. Sua pele reflete o rigor do frio e seus rostos arredondados, adornados por longas tranças, dão a elas um ar de paz celestial. Elas parecem fortes, determinadas, e eu me pergunto se conhecem essas doenças da sociedade moderna. O tempo aqui parece que parou, e no ar se percebe a hierarquia de um povo trabalhador que um dia construiu uma das maiores riquezas da América Latina.

Visitamos diferentes lugares da cidade. A catedral é uma verdadeira ostentação de ouro e prata daquela época, o que me faz refletir mais uma vez por que a riqueza sempre pertenceu à igreja católica.

Passamos o resto do dia passeando no Templo do Sol Qoricancha, encantadas com a inteligência dessa civilização – seu conhecimento de engenharia e arquitetura é impressionante. Em diferentes partes do templo, observamos pedras gigantescas empilhadas com uma perfeição assombrosa. O guia nos mostra que os incas tinham uma técnica para cortar pedras que até hoje não conseguimos entender totalmente. Tudo o que vemos nos deixa boquiabertas, espantadas com tanta arte e domínio das ciências. Eu me pergunto como é possível que essas civilizações tão antigas tenham tido tanto conhecimento e consciência da natureza e dos astros. Todas as construções foram de alguma forma influenciadas pelo Sol e pela Lua. Eram construídas em harmonia com a natureza, respeitando a sua vontade sem invadir seu território, agradecendo humildemente pela oportunidade de ser parte dela e dela se nutrir.

Fico nostálgica da minha infância, quando as coisas eram mais simples, quando acreditávamos em histórias do Sol e da Lua em impérios encantados. A poucos passos, vejo Rachel atenta ao discurso do guia, maravilhada com a história, e com isso me sinto em paz, satisfeita que tenhamos concluído um bom dia sem chorar ou sofrer. Um dia sem internet, um dia como quando eu era criança. Abraço minha filha e decidimos voltar ao hotel; o frio está piorando e a fome nos invade. Ela sorri para mim e diz:

– Vamos.

Ao chegar ao quarto, sem aviso prévio o cansaço do dia nos golpeia. Decidimos pegar um casaco extra e sair às ruas em busca de um jantar quente e gostoso. Se resolvêssemos descansar, corríamos o risco de dormir até o dia seguinte.

Acordamos com o quarto mais quente. Dessa vez, o frio e o cansaço da noite anterior não foram suficientes para nos fazer esquecer da calefação. O quarto está escuro e, quando olho para o relógio, vejo que são 4h30 da manhã. Meu corpo já tinha retornado ao seu horário normal, com as três horas de diferença que temos com São Paulo.

Percebo que estou com uma leve dor de cabeça, uma sensação de peso, mas sei que é pela altitude, nada que um chá de coca não possa curar na hora do café da manhã. Tento dormir novamente, mas minha cabeça está tão cheia de pensamentos que não é possível. Prefiro meditar e fazer o meu ritual de cura.

Uns dois meses antes eu havia começado a fazer reiki. Embora eu nunca tivesse feito em mim mesma, pensei que aquele era o momento ideal. Começo a entrar na caverna violeta – hoje a intensidade da cor está mais forte, mais intensa, e eu gosto. Percorro o meu corpo e o vejo limpo, vivo, forte, mas ao passar pela região do seio ainda vejo a cor berinjela, como um fio de lã enrolado até formar um círculo. Começo a abrir visualmente meu seio até ver minha pele exposta e o tumor. Vejo que ele é superficial e está pulsando, como que me pedindo para removê-lo. Com os dedos, começo a tirá-lo dali e observo como o fio se desenrola, liberando flashes de um lilás intenso. Ele é longo e sai com facilidade, deixando meu seio limpo, cor-de-rosa vivo e oxigenado. Ao observar mais profundamente, vejo que ainda restam uns pontinhos na pele que não consigo alcançar com os dedos. Passo a fechar a ferida e continuar com o reiki para deixar meu corpo descansar. Contemplo meus rituais. Eles sempre fizeram parte da minha vida, do meu dia a dia, e hoje todas essas ferramentas que eu conheci no caminho me ajudam a encarar a vida de uma forma mais calma, com mais fé e mais compreensão.

Estamos no ônibus para visitar o Vale Sagrado e só esse nome já me deixa emocionada, acho muito apropriado para a ocasião. No caminho, observamos o esplendor e a beleza da natureza, da Mãe Terra, a Pachamama, como é chamada na língua quéchua, a língua dos incas. Na cultura inca, dizem que a Pachamama protege as pessoas e lhes permite viver, contanto que tragam comida, água etc. É por isso que os seres humanos devem cuidar da Pachamama e prestar tributo a ela. Com esse ensinamento tão simples, mas sempre esquecido, deixo-me mergulhar nessa beleza e permito que a Pachamama me proteja e me cure com seus frutos.

Ao chegar ao Vale, a caminhada é longa, mas o cenário é maravilhoso. É algo muito especial, a natureza nos abraça e acaricia. Sinto o ar tão puro e limpo que respiro fundo para permitir que a Pachamama limpe meu corpo e oxigene cada uma das minhas células. As montanhas e os campos são tão bonitos. Uma miríade de verdes, amarelos e tons alaranjados nos lembra de que Deus ainda é o melhor arquiteto do mundo. Pelo caminho, descobrimos diferentes ruínas, cada uma com sua história. À distância, os habitantes locais trabalham limpando os terraços de agricultura para manter a paisagem. Vemos uma aldeia dedicada a recuperar a sua cultura, sua história, a magia e a sabedoria do passado.

Eu me sinto tão viva e saudável que me arrisco a subir alguns degraus para ver mais além das montanhas. Estou surpresa ao ver Rachel tão animada e encantada com a viagem, curtindo cada segundo (apesar de ficarmos sem internet a maior parte do tempo). Penso que às vezes somos nós mesmos – os pais – que não lhes permitimos explorar outras possibilidades e deixar um pouco de lado a modernidade em que vivemos, voltando ao básico. Ela salta e corre como se fosse uma vicunha. Digo a ela para ir devagar, que a altitude não é brincadeira, mas, como esperado, ela me ignora com a juventude que lhe é peculiar.

Subimos e exploramos os panoramas mais impressionantes que já vi, fico comovida com tanta beleza natural. Caem algumas lágrimas e agradeço a Deus por estar viva para poder ver tamanha imensidão. Lembro-me de que fui muito feliz e que estou feliz, independentemente do novo desafio. Eu me sinto cheia de vida, saudável e, mais uma vez, compreendo que tudo vai passar e que o desafio é descobrir para que tudo isso, e não por quê.

Vamos almoçar em um lugar que eu tinha reservado desde São Paulo. É como uma casa de campo e, para minha surpresa, está totalmente decorado com flores lilases, roxas e brancas, com muito capricho! Aquilo me toca, pois sei que não é por acaso que o lilás me acompanha nessa viagem. Eu olho para Rachel e digo:

– Está vendo que a cor da cura me persegue?

Ela sorri feliz e confiante de que também não é uma coincidência. Eu sinto o seu alívio e sua fé na magia da vida.

O lugar é agradável, cheio de cachorrinhos, alpacas, lhamas, vicunhas, guanacos e papagaios. Rachel está feliz, pois finalmente está conhecendo e acariciando as lhamas, animais pelos quais é obcecada. Começa a sessão de fotos com qualquer animal peludo que vê pela frente. Ela não está comendo muito, parece que as corridas nessa altitude começaram a fazer efeito. De minha parte, me dedico a comer o que a Pachamama me dá, sem nenhuma preocupação.

Voltamos para o ônibus. O dia se aproxima do fim e devemos voltar à cidade. Pachamama nos premiou com um dia maravilhoso, de céu claro e sol brilhante. Sinto-me agradecida, mas a fadiga começa a se manifestar, enquanto o assento do ônibus nos reconforta. De repente, começa a garoar e, como estamos sentadas na primeira fila de assentos, magicamente se forma à nossa frente o maior arco-íris que já vi. É enorme, infinito, cruza o firmamento de lado a lado. O brilho lilás em seu espectro é claro e eu digo à Pachamama que recebi sua mensagem, sei que ela me apoia e me dá forças para sarar e seguir em frente.

Chegamos ao hotel com uma fome que nos devora internamente. Parece que todo esse ar puro despertou cada célula de nosso corpo. Assim, saímos para desbravar as ruas em busca de um bom prato de comida. As ruas já estão lotadas de turistas, provavelmente com uma missão semelhante à nossa. O frio nos envolve e os locais nos convidam a provar seus pratos. Não é difícil encontrar um bom lugar para comer e os preços são bem razoáveis. Apesar de minha dieta vegetariana restrita, encontramos pratos desse tipo em vários lugares, provavelmente para satisfazer o paladar de tantos turistas. Rachel fecha o dia com um bom ceviche, acho que já é o quinto da viagem.

Eu escolho uma quinoa vegetariana, cultivada nessa Pachamama maravilhosa que fala comigo e me dá força.

Ao despertar, Rachel está indisposta. A combinação entre a altitude e suas corridas nas colinas do Vale Sagrado se encarregou de retirar o quinto ceviche da viagem de seu estômago. Ela está pálida e a obrigo a tomar um chá de munha. Essas folhas, com suas pequenas flores brancas, fazem maravilhas para recompor o estômago revirado pela altitude. Seu mal-estar é tamanho que toma o chá todo sem impor resistência. São seis horas da manhã e vamos até a estação ferroviária para subir para Machu Picchu. O dia promete ser maravilhoso, como tem sido toda a nossa viagem. Meus rituais matutinos me curam e me dão energia para começar o dia com grande alegria.

Chegamos à estação e o frio dói até nos ossos. O pessoal da estação nos recebe com chá de coca, que ambas bebemos para tentar esquentar o esqueleto. Aos poucos vão chegando diferentes turistas, que inundam a sala com vários idiomas. O espaço é imenso, mas, apesar de toda a gente ali reunida, o ar não esquenta.

De repente, toca uma música andina e um grupo de adolescentes vestidos tradicionalmente apresenta um show de danças típicas da região. A simplicidade do espetáculo me agrada e me lembra da minha infância, quando preparava as apresentações da escola. O bailarino principal é o diabo, que carrega uma máscara colorida igual às do baile da Tirana del Norte, no Chile. Ele persegue e flerta com as bailarinas, tirando-as para dançar no meio da pista. Em seguida, se dirige às turistas e Rachel diz com grande convicção que eu seria a próxima. Quando me dou conta, já estou no meio do salão, tentando mover meu corpo retesado de frio. Rachel ri de minha coragem e falta de vergonha, e eu me deixo bailar com o diabo, sem medo, comemorando a vida e a natureza, que com tanta intensidade me dão alento durante esses dias.

O maquinista faz soar o apito várias vezes, e o barulho me transporta ao passado, quando esperava o trem, com minha avó e minha mãe, para ir visitar meu tio em Concepción, nas férias de verão. Com essas memórias vêm à mente o cheiro de argila molhada do solo de Lirquén. Aquele cheiro das sementinhas de eucalipto me invade e me lembro mais uma vez de como era feliz.

O trem é confortável e preserva sua aparência antiga, como que para ajudar a manter a minha nostalgia. Do outro lado da mesa está Rachel, lânguida, tentando recuperar a cor de suas bochechas roubada pela altitude de Cuzco. O garçom se aproxima com o cardápio do almoço, que será servido depois. Rachel parece querer embarcar em uma nova aventura culinária, mas eu rapidamente corto seu barato e peço para ela apenas um arroz branco e frango cozido no vapor, para garantir que ela recupere suas forças antes de entrarmos na Amazônia.

A viagem ocorre em silêncio. Não há espaço para falar ou manter um diálogo; o cenário é tão maravilhoso que não permite coordenar as palavras. Rachel me pergunta se me sinto bem, e eu respondo que sim, com certeza. Ela não chorou mais desde a viagem de avião. Às vezes eu a pego me olhando disfarçadamente, como que tentando entender como eu posso ter um AV de mama se minha aparência é a mesma de sempre. Sou a mesma mãe ágil que a acompanhou por seus treze anos de vida, dando conta do recado. Sei que é confuso para ela, assim como para mim, mas sei também que a vida me ajudará a descobrir se minha sensação de que esse AV foi causado por minhas emoções é verdadeira, se existe alguma lógica ou explicação científica para essa ideia.

A serra nos acompanha por todo o trajeto, mudando de aparência conforme a altitude começa a diminuir e entramos na selva. O verde fica mais intenso, a vegetação é ainda mais majestosa, o céu azul torna-se mais palpável e, nesse cenário, deixo correr livremente os pensamentos que estava segurando dentro de mim.

Sinto-me confusa, porque sei que devo entender o significado e o propósito do AV. Assim que fui diagnosticada, depois de um segundo de egoísmo, em que me perguntei: *Por que eu?*, meu coração espiritual me acalmou e convidou a descobrir *para que eu* e não *por que eu*.

Como ser espiritual, sei que tudo é perfeito e acontece para o bem. Eu sei que é difícil de aceitar, especialmente quando se trata de doença, mas eu acredito fervorosamente nisso. A ironia é que eu trabalho na área da saúde e preconizo uma vida saudável, convidando as pessoas a confiarem em meu estilo de vida. Parece ilógico, mas, desde que comecei a trabalhar ajudando as pessoas a recuperarem sua saúde, sempre rezei e pedi a Deus que me usasse como instrumento para entregar a cura a meus pacientes. E é isso que sou hoje. Ele manda Sua mensagem por meio de mim, para quem quiser se identificar com a minha história e com as minhas crenças. Se esse é o desafio que devo encarar para trazer Suas mensagens, aceito-o humildemente. Na minha qualidade de serva de Deus vou procurar a origem da minha doença para validar as minhas crenças e sentimentos e escrever um livro para estar disponível a quem precisar. Sei que a vida é divina e generosa e que, quando pedimos respostas, elas sempre chegam. Deixarei minha experiência gravada em um livro disponível como ferramenta para quem um dia necessitar. Que assim seja!

Chegamos. O cenário mudou drasticamente dos Andes para a Amazônia. Garoa sutilmente, o ar é quente e extremamente úmido. Eu gosto, ele parece acariciar a minha pele e meus pulmões relaxam ao voltar a uma altitude mais normal, sinto-me livre.

A 2400 metros de altitude, Rachel recuperou o vigor de suas bochechas e nos movemos com mais facilidade e segurança. A tranquilidade da floresta é quebrada pela presença estrepitosa de turistas tentando se organizar para escalar o templo. Nosso guia, de voz rouca e profunda, nos resgata da multidão para nos levar até as ruínas.

O cenário é majestoso e, quando vejo as imponentes construções à minha frente, não duvido que uma colaboração entre o terreno e o celestial foi necessária para que fosse possível construir tal maravilha. Dou um sorriso e acho irônico que ainda existam pessoas que duvidam da existência de Deus ou de um poder superior que nos protege. É impossível que nossa condição humana tenha tido forças para transportar pedras gigantes de uma montanha para outra sem os avanços que existem hoje.

Essa comunidade construída no século XV e abandonada misteriosamente me mostra como a humanidade foi perdendo seu instinto, sua conexão com a natureza. Nas ruínas, podemos verificar o conhecimento que essa cultura tinha de astronomia, como eram capazes de interpretar os astros para se beneficiar da luz natural e influenciar a agricultura para um melhor cultivo de alimentos. Os sistemas de irrigação são a prova da inteligência e do nível de desenvolvimento dessa civilização. É tudo tão maravilhoso que destrói a minha arrogância e o ego da minha geração.

O nosso guia é nativo de Águas Calientes, cidadezinha localizada no sopé de Machu Picchu. Ele nos orienta e encoraja a entender a paisagem. Ele tem orgulho de pertencer a essas terras e acentua suas características locais. É de baixa estatura, como a maioria dos habitantes do lugar, sua pele tem cor de mate e seu rosto quadrado e forte nos faz lembrar da força e do vigor que essa aldeia e seu povo possuíam. As anedotas e histórias que conta trazem ainda mais mágica para esse lugar mítico.

Os milhares de degraus que encontramos no percurso reforçam ainda mais as histórias de sua força e preparo físico. Alguns dos turistas vão ficando pelo caminho para recuperar as energias. As mães com bebês de colo imploram aos maridos que carreguem os filhos. O guia nos adverte que ainda falta chegar ao topo, a parte mais alta com a melhor vista de Machu Picchu. Ele diz que a subida é opcional, que quem estiver muito cansado ou não tiver condições pode começar a descer até a estação de trem. Observo as ruínas e suspiro profundamente. Apenas um casal de jovens namorados se anima a subir. Hesito em continuar a viagem, mas aí me lembro de que o guia explicou que estão planejando construir um mirante na montanha em frente para que se possa ver as ruínas a distância. Essa cidade, que acreditam ter sido habitada por cerca de mil pessoas, hoje em dia é visitada por mais de seis mil pessoas diariamente. Seus terraços e construções estão cedendo, perdendo estabilidade, de modo que, para proteger essa maravilha do mundo, pensam em restringir o seu acesso. Certamente, eu me sinto privilegiada por ter a oportunidade de pisar nessa terra e, em alguns segundos, recupero o fôlego e agarro a mão de Rachel para seguir os namorados. Ela fica surpresa com a minha atitude, e eu vejo sua alegria ao constatar minha disposição.

Não sei dizer quantos degraus são, mas sei que foram suficientes para consumir todas as minhas forças. Ao chegar ao topo, meus joelhos lutam para me manter em pé. Quando finalmente recupero o fôlego, este me é tirado por uma das paisagens mais maravilhosas que já vi. Fico comovida e meus olhos se enchem de lágrimas, que rolam pelo meu rosto. São muitas emoções e todas as pessoas que estão lá em cima refletem a emoção que estão vivendo de acordo com a sua vida e desafios. Da minha parte, me comove tamanha imensidão! O poder da natureza e sua energia são tão intensos que me sinto efêmera nessa paisagem. Minha fragilidade dentro desse universo me emociona. Cada detalhe nos convida a não duvidar da imensidão de Sua existência. À distância, observo Rachel assombrada e perplexa com a paisagem, e agradeço a Deus eternamente por tê-la ao meu lado nessa jornada.

Voltamos para o ônibus e seguimos até o hotel, localizado na cidade de Águas Calientes. Passaremos a noite no sopé das ruínas para voltar a Cuzco no dia seguinte. Chegamos ao hotel ao cair da noite. À nossa frente, passa o Rio Urubamba. Seu volume e força me intimidam e enfeitam a paisagem com um ruído ensurdecedor, assustador. Entramos no lobby do hotel, onde recuperamos o silêncio que nos acompanha até o quarto. O esgotamento do passeio nos ajuda a terminar o dia para recuperar as energias e tentar curtir intensamente a manhã que passaremos aqui antes de retornar.

Acordo no meio da escuridão, meu corpo se sente um pouco cansado e inquieto. Olho para o relógio e são 3h30 da madrugada. Suspiro na esperança de voltar a dormir, mas meu corpo não sossega. Estou inquieta, é como se o meu corpo tivesse absorvido toda a energia do lugar – sinto-me carregada de energia e vitalidade. Fecho os olhos tentando ignorar a minha mente, mas ela vence e assim começo a fazer minhas meditações de cura, esperando que me acalmem. Apesar de toda a luz violeta, minha vitalidade não me dá trégua e começo a ouvir os passos dos peregrinos a caminho das ruínas para esperar o sol nascer lá em cima. Com o cheiro dos lençóis ainda eu meu corpo, visto a roupa por cima do pijama e saio à rua para encontrar o amanhecer. Ao abrir a porta, Rachel me olha e eu lhe digo que já volto, que continue dormindo. O lobby do hotel está vazio, somente a senhora da limpeza está encerando a recepção e recebendo os hóspedes. Peço a ela para abrir a porta e, ao sair, o barulho do rio me desperta no meio da escuridão total. Sinto medo daquele cenário meio mágico, mas me forço a continuar. Está garoando e fazendo frio, mas já consegui entender a região e estou bem preparada para o clima. O ar é denso e úmido. Sento em um banco na frente do rio e observo uma pedra gigante e majestosa bem no meio da correnteza. Vejo como a água bate nela sem parar, com força total. A erosão da água a desgasta de maneira tão sutil que não é óbvio para os nossos olhos, mas o desgaste existe. Golpe após golpe, ela continua ali, aguentando e fazendo jus à paisagem. Então, me dou conta de que a pedra e eu temos muito em comum. São tantos os golpes que levamos da vida. Eles machucam, mas se acalmam. Corroem nossa alma, mas nossa aparência exterior nem sempre demonstra isso. Sei que sou como essa rocha, consigo permanecer firme e ficar de pé para enfrentar a correnteza que se aproxima. Fecho os olhos e converso com o Urubamba. Peço-lhe para limpar o meu corpo com sua torrente e levar as células doentes que estão no meu seio. Peço ao rio um pouco de sua força e de sua dignidade. Rezo e agradeço a oportunidade de viver a vida.

    Desfrutamos de diferentes paisagens e parques pelo resto da manhã. Fomos até a cidade acompanhadas por diferentes cães que Rachel tinha encontrado ao longo do caminho. Ela os afagou com tanta doçura e compaixão que eles decidiram nos seguir.

    O trem de retorno chega rapidamente. Nós nos acomodamos quase prontas para terminar essa aventura. Descemos na cidade de Ollantaytambo para pegar o carro que nos levará até Cuzco. O céu sorri para mim e mais uma vez me dá um arco-íris maravilhoso, como se quisesse me cumprimentar e dar as boas-vindas. Rachel sorri para mim e continuamos em paz os desafios da vida.

É claro que entendo que o maior desafio ainda está por vir e não será superar minha doença. Isso muitos conseguem, de várias maneiras, com mais ou menos consciência, de forma mais ou menos natural ou orgânica, outros, simplesmente com fé. Mas o verdadeiro desafio não é sarar fisicamente. O desafio é liberar tudo o que nos faz adoecer, é conseguir ser feliz e viver em paz, prolongar esse sentimento de felicidade que tivemos nessa viagem tantas vezes, prolongá-lo até um estado constante e perpétuo.

8
DOR DE MÃE

Voltamos a São Paulo um pouco cansadas fisicamente, mas com a alma renovada. Rachel anda tranquila, não chora mais, mas sei que ainda está preocupada. Contudo, vejo que está lidando melhor com esse desafio e suas emoções. Ela adorou a viagem e não esperava ter visto tanta simplicidade e beleza. Eu estou bem, ansiosa para começar a resolver o problema e enfrentar os próximos passos. O que me incomoda é que ainda não disse nada à minha mãe e à minha família no Chile. Isso é algo que me pesa muito e, para continuar, devo fazer algo a respeito.

No fim do dia, a casa está tranquila. Meu marido ainda não retornou de uma viagem, permitindo-me ter os meus momentos de reflexão e aclimatar-me ao meu regresso. Amanhã falarei com minha mãe. Tenho claro que farei isso logo pela manhã, por ela e por mim. A noite sempre adiciona algum melodrama ao sofrimento e, quando precisamos chorar, choramos mais intensamente acompanhados das estrelas. Eu sei, eu chorei tantas vezes acompanhada de meus travesseiros, sei que tudo parece mais intenso quando coberto pelo manto negro da noite. De manhã, espero poder aliviar essa dor.

O ano letivo de Rachel está prestes a começar oficialmente e, com isso, terei as horas de liberdade de que preciso para cuidar dos assuntos pendentes. Tenho o peito oprimido por minha conversa pendente e sei que não é um bom momento para carregar esse peso. É hora de começar a riscar as coisas da minha lista de pendências. Respiro fundo e telefono para minha mãe.

Ela atende com seu jeito acelerado e estressado. Por algum motivo, parece que na casa de minha mãe a vida é sempre mais rápida e caótica do que no resto do mundo. Ao fundo, ouço os ruídos da rotina diária dos outros habitantes da casa. Respiro fundo, tentando falar com a maior naturalidade que consigo.

– Oi, mãe, como você está?
– Bem, e você, Dere (meu apelido)? Como chegaram?
– Bem, tudo bem. Estou ligando porque tenho algo importante a dizer, mas quero que você fique calma.
– Diga-me apenas que estão todos com saúde, o resto não importa!

Após esse comentário, fica um pouco mais difícil falar...
– Dere, o que está acontecendo?
– Você se lembra da mamografia que fiz no Chile?
– Absoluto silêncio do outro lado da linha. – Bem, o resultado não foi muito bom. – Tento falar tudo de uma vez, para acabar logo com esse episódio. Respiro. – Tive de fazer uma biópsia. – Evito o tempo todo usar a palavra genérica para AV e prossigo. – Eu tenho de operar para remover algo que não é bom. Mas não se preocupe,

o médico disse que de todos os diagnósticos o meu é o melhor, é de grau um, muito simples.

E, de repente, uma explosão de gritos e choro interrompe o meu monólogo.

– Mãe, fique calma, não fique desse jeito, por favor. Assim você também vai ficar doente e isso só vai complicar a situação! Já chega comigo, preciso de você bem, vai dar tudo certo.

De repente, as cenas das novelas mexicanas que via quando criança começam a ganhar vida.

– Por que você, por que não eu, Deus meu?! Não é possível! – Ela passa o telefone ao meu padrasto e o choro e a dor se tornam o ruído de fundo: chora, grita. Eu me sinto muito, muito triste.

Eu também sou mãe e posso imaginar a dor que sentiria se recebesse um diagnóstico semelhante de um dos meus filhos. Meus olhos se enchem de lágrimas e forma-se um nó na minha garganta. Penso em todos os pais que têm filhos com AV e a vida me comove.

Não me lembro muito bem do diálogo que tivemos a seguir. Só lembro que deixamos acordado que ela estaria aqui no dia 17 de fevereiro, um dia antes da cirurgia para remover o nódulo. Combinamos de falar de novo mais tarde.

Sinto-me triste, mas leve por não ter que guardar mais o AV só para mim. Sei que esse é o primeiro passo para a cura e para começar a ficar bem. Talvez um ato tão simples não tenha o mesmo significado para todos, mas para mim sim. Eu não sei se nasci assim ou é algo herdado, mas desde a infância sempre fui especialista em cuidar e proteger os outros, algo que eu não duvido que seja muito comum na humanidade. Sempre deixei as minhas necessidades para o final, e a maioria delas acabou sempre em uma lista de espera. Há muitas necessidades vitais que devem ser saciadas em um momento específico, senão elas se tornam sombras da alma que devem ser banidas e curadas com uma dose maior da necessidade inicial.

Tenho muitas dessas e não duvido que esse AV seja composto de cada uma delas. Agora é a hora de me redimir comigo mesma e me proteger para me curar e aprender a cuidar de mim. É crucial, é vital, já dei o primeiro passo e não devo perder o foco. Aqueles que tiverem de sofrer e enfrentar seus medos por conta do meu AV que o façam, porque, como eu disse antes, com esse AV curam-se todas as mulheres na minha linha de vida passada e futura. Se não as protejo de viver o que esse AV trará, tudo terá sido em vão. Assumo esse desafio por meus filhos e netos e todas as mulheres que se sentam no meu sofá em busca de cura.

O dia passa lenta e silenciosamente. Meu marido me telefona e lhe conto que falei com minha mãe. Ele reclama por eu não tê-lo esperado para ligar para ela, mas não presto muita atenção a seu comentário. Ele diz que vai ligar para minha mãe depois, e eu consinto.

Eu me sinto um pouco egoísta de me concentrar em meus sentimentos e proteger o estado de ânimo, mas, quando me lembro da razão principal, a culpa se dissipa.

Durante o dia, recebo um telefonema da minha mãe me dizendo que falou com meu marido e que agora está tranquila, sabendo que vai ficar tudo bem. Disse para eu não me preocupar, que ela estava calma, que não iria mais chorar e blá-blá-blá. Sei que é um diálogo estudado do mesmo roteiro de novela mexicana, mas, enfim, minha mãe foi atriz na época da Unidade Popular do Chile. Eu mesma a vi interpretar uma velhinha que mal conseguia andar aos quarenta anos, por isso, conheço melhor do que ninguém sua capacidade de atuar e fingir. Bem, isso também é algo que a maioria das mulheres adquire quando se torna mãe.

Minha compaixão me convida a fingir que acredito nela e sutilmente digo que ela pode chorar quanto quiser, que ela tem o direito de estar triste, de sentir raiva. Eu digo que entendo que ela também tem de viver o seu processo como mãe, sua dor, mas que também deve entender que, no final, tudo vai ficar bem, tenho fé nisso. Ela concorda com minhas palavras.

A sutileza do momento foi quebrada por meu padrasto agarrando o telefone abruptamente. Isso não me impressiona, é uma das suas principais características. Estou com ele desde os dois anos de idade, conheço o tipo, talvez melhor do que minha mãe.

Ele reclama:

– É verdade que você está doente? Mas como assim? Mas por que você foi contar para sua mãe? É tão grave assim? Era melhor não ter dito nada até depois da cirurgia! Agora ela está aqui aos prantos, parece uma louca!

E com essas palavras mágicas entendi que os outros não mudam, os outros exigem, inconscientemente, para proteger sua zona de conforto, sua rotina. Nada vai mudar para que eu melhore. Depende só de mim, sou eu que tenho de mudar para conseguir me curar.

    Eu não posso culpá-lo por ter reclamado. Ao longo da vida, fui eu quem escolhi tantas vezes me calar para proteger os outros. Ele só está exigindo de mim algo que eu mesma sempre demonstrei como uma das minhas características.

    Reflito e digo que não poderia ter ficado quieta a esse respeito e que nunca mais vou arrastar segredos comigo, que nem eu nem ela merecemos isso. Ficamos em silêncio e penso em minha amiga que me faz as constelações familiares. Às vezes queremos que as pessoas sejam de um jeito, mas nós mesmos lhes negamos as oportunidades para crescer e nos entregar o que procuramos. Eu não vou negar à minha mãe a chance de ser mãe e me proteger, cuidar de mim como eu e ela precisamos, por ela, por mim, por minha filha e seus filhos, enfim, por todas as mulheres que buscam a cura em mim.

    Estou cansada. Minha alma e meu corpo estão mais leves quando recebo uma ligação de meu marido. Ele comenta que falou com minha mãe e que ela chorou muito, mas que pediu para ele não me contar. Isso me dá pena, mas me faz rir ao mesmo tempo (risos). Duvido que tenha algum leitor deste livro que não se identifique com esses segredos não guardados.

    Devo ser forte, mas, mais importante, devo ser honesta comigo mesma. Ninguém conhece melhor as próprias falhas, necessidades, erros e fracassos. Não é difícil analisar o coração dos outros, o difícil é entender o nosso coração, para que possamos enfrentar nossos medos, nossa dor e nossos traumas, reencontrarmos a nós mesmos, com nossa infância esquecida. Não vai ser fácil, mas sei que é vital. Minha cura depende de uma desintoxicação de vida.

Como coach de saúde, li muito sobre desintoxicação, tentando encontrar a receita mais eficiente. Acho irônico que agora eu esteja procurando a receita mais vital e delicada da qual só eu conheço os ingredientes necessários e os componentes proibidos. Sei que os próximos episódios serão vitais para a descoberta dessa fórmula.

Os dias passam e eu me sinto tão saudável que chega a ser confuso. Não sinto dor nem mal-estar, não há nódulo palpável, é muito estranho. Sei que é uma doença emocional, sinto isso em cada uma das minhas células. Meu corpo me diz isso aos gritos e também em sussurros ao pé do ouvido. Sei que preciso entender isso para poder transferir para os outros. É por isso que apareceu esse AV em mim, é meu teste como ser humano, como coach de saúde. Devo me concentrar em encontrar dentro de mim a causa e a cura e dar meu testemunho por meio dessas páginas, não importa quantos leitores este livro alcance. Se alcançar apenas uma pessoa, se ajudar apenas uma pessoa a encontrar alívio, minha missão de vida terá sido cumprida, ficarei curada e poderei viver plenamente.

9
ESPERANDO A CIRURGIA

A cirurgia acontecerá em dois dias. Minha mãe chegará um dia antes, e eu ainda estou assimilando o diagnóstico, entendendo o que aconteceu – digo entendendo porque, como eu já disse mais de uma vez, não me sinto doente, me sinto muito saudável. Minha saúde está melhor do que nunca, minha energia está impecável e os resultados de laboratório também.

Quando recebi o diagnóstico, a primeira coisa que me veio à cabeça e que saiu do fundo da minha alma foi que a dor da partida de meu filho, que eu vinha sofrendo no último ano, tinha sido liberada e saído do meu corpo por meio do meu seio. Eu sei que é difícil de entender, aceitar e também de explicar. Contudo, estava claro para mim que esse AV era a minha cura, era o encerramento dos meus anos de criação de filhos sem a participação do pai. Também sempre tive medo que o pai os levasse embora ou que eu falhasse quando precisassem de mim. Assim, a partida de Daniel era o símbolo de que tudo tinha corrido bem, como eu queria, e com essa conquista eu pude relaxar e libertar meu corpo e minha alma daquele sentimento. Nunca senti que estava perto da morte nem me aproximando do fim da vida, mas precisava entender e explicar se o meu pensamento fazia sentido, se alguém se sentia da mesma maneira.

Essa percepção do meu AV me motivou a procurar uma possível resposta para conseguir alívio, calma e paz, mas eu também tinha uma obrigação para com minha família e meus clientes. Como terapeuta que trabalha com problemas de saúde, era indispensável compreender esse processo para validar minhas crenças em nutrição e vida saudável.

Não foi fácil, por vezes, aceitar que sempre cuidei da minha alimentação, de meu corpo, com atividade física regular, não fumava e bebia com pouca frequência. Há mais de um ano não comia glúten nem lactose, também deixei de comer carne vermelha – como apenas peixe e ovos. Meu peso estava perfeito, algo que não conseguia desde a adolescência. Há mais de dois anos eu não sabia o que era uma gripe, minha imunidade era como a de um touro, mas eu tinha um AV de mama e precisava entender isso, justamente para poder me curar.

Em meu processo de busca, em meus momentos de oração, eu falava com Deus e dizia a Ele que sabia que não estava doente. Eu sabia que esse AV estava tirando de mim a última dor que estava no meu interior. Ele encerrava um ciclo de superação pessoal. Pedia que me desse força e paciência para enfrentar o desafio da melhor maneira possível, independentemente do desfecho. Eu confiava naquilo que Ele tinha colocado no meu caminho. Sempre ouvi dizer que Deus nunca nos dá mais do que podemos aguentar.

Eu pedia a Deus que me ajudasse a descobrir com que finalidade eu estava passando por tudo isso e que colocasse no meu caminho as ferramentas necessárias para ajudar os outros, se Ele achasse que eu poderia ser Seu instrumento para ajudar os outros.

E assim, com isso em mente, comecei a lidar com meu AV, na esperança de receber o que precisava. Os dias passavam e eu me sentia robusta como sempre. Eu achava uma ironia, um absurdo, mas enfrentava o desafio. Quando você começa essa busca, aparecem tantas informações e tratamentos que é difícil escolher e entender o que é apropriado. Como eu não sou uma pessoa que segue apenas os tratamentos da medicina tradicional, as possibilidades são ainda mais infinitas.

Meu diagnóstico já não era mais segredo e, conforme meus amigos ficavam sabendo, também me enviavam materiais de apoio que achavam que poderiam me interessar. Eu não tenho muitas amigas próximas fisicamente. Embora esteja no Brasil há seis anos, na minha idade e com filhos adolescentes não sobra muito tempo para cultivar amizades próximas. Mas tenho muitos amigos espalhados pelo mundo, amigos dos bons, desses que conhecem minha essência e meus pensamentos. Amigos que, mesmo se encontrando depois de um longo tempo, é preciso apenas meia hora para colocar os assuntos em dia e sentir que nunca estivemos distantes. Foram esses os amigos que, com sua rede de amor imensa, me enviaram força e energia de diferentes partes do mundo. Nunca na minha vida tinha me sentido tão querida, tão especial.

Assim, os amigos que conhecem minha essência e minha alma começaram a me mandar informações. Li e analisei uma por uma, descartando aquelas com as quais não me identificava.

Um dia, uma colega da escola de coaching, depois de ficar sabendo de meu AV por meio de uma troca de e-mails, me enviou alguns vídeos da medicina germânica. Eu nunca tinha ouvido falar daquilo, apesar de ser uma pessoa que recebe muitas informações sobre terapias não tradicionais.

O cabeçalho do e-mail dizia:

– Não faça nada, não opere, isso é a pior coisa que você pode fazer, você está enganada. Veja este vídeo e você vai entender.

Faltavam dois dias para minha cirurgia e entrei em pânico pela primeira vez desde o início do diagnóstico. Achei que eu estava errada, toda a minha espiritualidade e nível de consciência evaporaram, senti um medo profundo e comecei a chorar.

Aterrorizada, abri o vídeo, que durou uma eternidade. Eu não me lembro nem se o assisti até o final, mas lembro – minha cabeça já não estava em condições de absorver tudo – que diziam que o AV não era uma doença e que não precisava ser tratado por meios convencionais da medicina. Apaguei o vídeo, apavorada, e com muita raiva. Pela primeira vez, duvidei do meu sentimento em relação ao AV, me senti perdida e percebi que estava testando meus ideais espirituais e de saúde em geral.

Pela primeira vez, tinha a chance de ser fiel a meus ideais de alimentação saudável, do poder da mente e das emoções, e integrar todos os meus conhecimentos com a medicina tradicional, na medida necessária para não perturbar a capacidade de cura do meu corpo. Quando entendi isso, não sentia mais medo, mas sim terror. Chorei como uma criança mimada, queria que o tempo retrocedesse e que eu não tivesse esse desafio à frente. Meus próximos dias não pareciam tão cor-de-rosa como eu gostaria.

Fiquei confusa e senti raiva de minha colega que, como terapeuta, não mediu suas palavras quando me apresentou essa terapia. A dois dias da cirurgia, ela vaticinava que aquele seria o maior erro da minha vida. Às vezes, livros e cursos não são muito eficientes se você não tem sensibilidade humana como terapeuta. Faltava um dia para minha mãe chegar e eu estava despedaçada, mas não queria que nem ela nem o restante da família me vissem daquele jeito.

No mesmo dia, Deus, em toda a Sua misericórdia, me enviou por meio de um e-mail de minha amiga de infância psicóloga o material de apoio e o nome do livro da terapia da luz violeta que eu tinha começado a praticar na viagem. Como eu precisava parar de pensar no último e-mail, mergulhei de cabeça no novo material.

Essa metodologia é da psicóloga chilena Lita Donoso. Generosamente, ela disponibiliza em seu website, em vários idiomas, informações básicas para você começar a praticar esse tipo de meditação (alkymiaglobal.com).

Ao mesmo tempo, ela escreveu um livro sobre essa técnica chamado "El Método". Fiquei muito interessada em lê-lo, pois já tinha sentido o benefício dessa meditação durante a viagem. Num impulso, na noite anterior à partida de minha mãe do Chile, liguei para ela e disse que queria um livro, mas que se ela não encontrasse no aeroporto não haveria problema, eu poderia baixar a versão eletrônica, não queria estressar ninguém. Quando falei o nome do livro, minha irmã, que estava ouvindo a conversa, disse:

– Acho que eu tenho esse livro. Nunca li, mas deve estar por aqui.

– Bem, você pediu e amanhã o livro estará em suas mãos – respondeu minha mãe.

Entendi que não era apenas uma coincidência. Fui dormir com a esperança de recuperar a calma e o equilíbrio, e adormeci pedindo a Deus para me desculpar por minha fraqueza e egoísmo.

Acordo cedo para levar minha filha para a escola. Meu filho continua dormindo, esperando os resultados das universidades americanas, que só começam a sair em março. Penso em ir mais uma vez à academia, mas desisto rapidamente. Prefiro passar a manhã com calma e esperar minha mãe chegar na hora do almoço.

Passei anos meditando, desde 2005, quando comecei a seguir o budismo, às vezes com mais ou menos disciplina e intensidade. Se existe uma coisa que aprendi é que é fácil perder o controle da mente em momentos difíceis. Eu me sento em frente ao meu altar para começar o dia meditando, mas minha mente liberta todos os macaquinhos da floresta – como eu os chamo – e meus pensamentos, dúvidas e preocupações se apoderam da minha mente. Tento me concentrar e relaxar e vários pensamentos cruzam minha cabeça. Respiro e aparecem outros pensamentos. Tento não me ater a nenhum deles, deixando-os escapar pelos meus ouvidos. Não é fácil, não consigo meditar muito bem, mas aceito minha condição perturbada e lembro que estou longe de ser perfeita ou monja budista. Aceito minha fragilidade e me dou o direito de sentir o meu estado.

Acesso o site da Alkymia e começo a ler. Descubro que essa metodologia de cura tem sido usada por várias pessoas que sofreram de doenças crônicas com diagnóstico terminal. Muitos pais a colocaram em prática para ajudar seus filhos. Fico muito emocionada, pois nada no mundo me emociona mais do que uma criança doente. Sinto-me culpada por minha fraqueza e olho para o céu, prometendo recuperar o equilíbrio. Baixo o áudio da médica e tento praticar o que ouço. A verdade é que, mais que uma cura física, nesse momento eu estou procurando uma cura mental. Meu corpo não está doente, mas, em algum momento, minha mente se perdeu e decidiu viajar sozinha por lugares sombrios. Devo controlar meus macaquinhos, do contrário, não terei paz.

Começo então a seguir as instruções ao som da voz melódica de Lita Donoso. Peço por cura e passo a estimular o meu centro pineal-pituitário. Deixo-me viajar até a caverna lilás e consigo relaxar. Luto contra as minhas pernas, que não relaxam, como se quisessem fugir para um passado no qual não havia tantos desafios, mas eu me forço e não desisto até completar o ritual. Venci os macacos, mas estou exausta, a luta foi intensa.

Preparo algo para comer, não estou com muita fome, devo admitir que os tais macaquinhos estão manipulando minhas papilas gustativas como se fossem marionetes. Sei de memória que devo começar o dia com um suco verde, já li sobre isso milhares de vezes, especialmente no caso de ter um AV. Porém, a última coisa que quero é um suco verde e frio. Quero minha xícara de chá, com pão sem glúten e manteiga. É fácil ser terapeuta e dar instruções sobre como comer quando você não está na pele dos outros. Não tenho dúvidas de que a minha percepção de como ajudar meus pacientes deve mudar radicalmente. Sorrio da ironia da vida. Verifico meus e-mails de trabalho e atualizo minhas redes sociais. Pela primeira vez penso que talvez deva dar um tempo do trabalho, mas isso me dá uma raiva enorme. Investi muito no ano passado para chegar até aqui profissionalmente. Então, dou um suspiro e controlo o macaco, do contrário perderei todo o relaxamento que consegui pela manhã.

Vou para a cozinha e decido preparar o almoço. O fato é que isso nunca falha: cozinhar me relaxa, é terapêutico. Cortar legumes e o som da faca batendo na tábua de madeira me relaxam. Embora meu corpo não me peça sucos verdes no café da manhã, ele ainda me pede comida saudável. Carne vermelha não faz parte da minha dieta, mas eu cozinho carne para o resto da casa, na menor quantidade e frequência possíveis. Parei de comer esse tipo de coisa porque meu intestino funciona como um relógio quando não consumo carne. Não foi a primeira vez que fiz isso – na adolescência, por razões espirituais, também passei um tempo sem carne. Sem dúvida, o instinto fica muito mais sensível, essa é uma boa maneira de se comunicar espiritualmente. A energia da carne vermelha é muito pesada e não é para todo mundo. Mas devemos estar cientes de que é preciso tomar cuidado e ingerir outros alimentos para evitar deficiências nutricionais ou cair no consumo excessivo de carboidratos, algo que geralmente acontece.

Acabo me distraindo um pouco e, num piscar de olhos, minha mãe aparece em casa. Abro a porta para recebê-la e ela me cumprimenta como se estivesse falando com uma criança de três anos. Ela me saúda com uma voz calma e relaxada que não é típica dela. Vejo seu esforço para se controlar e não desabar em lágrimas. Acho que minha aparência física não mudou desde o meu diagnóstico, mas a de minha mãe sim: ela parece triste e cansada. Dou-lhe um abraço e deixo-a entrar, quebrando o gelo que esse AV criou na sala e tentando ser a mesma de sempre.

Ela tenta demonstrar alegria e me diz que está muito tranquila, que leu muito, está por dentro de tudo e sabe que vou ficar bem, apenas sabe – normalmente, quando fala assim é porque usou sua espiritualidade e conectou-se com os de cima. Acompanho sua conversa e deixo-a falar. Convido-a para almoçar, mas, como sempre, ela diz que está sem fome e que mais tarde come, quando der fome.

Ela me pergunta sobre o dia de amanhã. Conto que temos de chegar ao laboratório às sete da manhã, antes da cirurgia, que está marcada para cerca de duas horas da tarde, para fazer um exame médico que determinará se os gânglios da axila estão comprometidos. Deve ser feito bem cedo porque utiliza um contraste que demora mais ou menos quatro horas para fazer efeito. Assim, se a primeira tentativa não der certo, temos tempo de repetir. Ela assente com a cabeça e combinamos de ir dormir cedo para começar o dia da forma mais relaxada possível.

A espera é difícil. Faltam poucas horas, e a verdade é que quero que a cirurgia chegue logo para que eu possa continuar avançando às etapas seguintes. Não consigo esconder minha tradicional impaciência. A tarde passa calmamente, e a chegada de minha filha e meu marido ajuda a quebrar o gelo da espera. O clima na sala está estranho, deve estar pela incerteza do que está por vir.

Eu me levanto muito cedo para começar o dia com minha meditação e orações, o dia merece. Chamamos um táxi para nos levar ao laboratório, porque depois do exame não poderei dirigir.

Chegamos ao laboratório e, depois da burocracia, sou chamada rapidamente. Devo ficar lá dentro cerca de duas horas, e minha mãe não pode entrar. Fico preocupada em deixá-la sozinha com seus pensamentos, mas não temos muita escolha.

Quando chegamos, a enfermeira me pergunta se vou querer anestesia local, explicando que nem todo mundo sente dor. Como sou bastante resistente à dor – e com minha mentalidade natureba sempre tentando evitar o uso de fármacos – respondo que não acho necessário. Ela começa a introduzir o contraste, guiada pela tela, e, honestamente, não sinto dor nenhuma. O desconforto com o procedimento é mínimo. Em seguida, me deixam sentada em uma sala e me mandam massagear o seio em sentido horário para ajudar o contraste a penetrar. Fico nesse movimento tedioso por cerca de trinta minutos e, a cada volta, um novo pensamento aparece. Penso em muitas coisas. Não tenho medo, tenho muita fé, independentemente do diagnóstico final, e sei que isso é complicado de explicar e talvez de entender, mas eu aprendi nesse caminho espiritual que o que tem de acontecer vai acontecer. Não temos controle, embora seja difícil de aceitar. Se você tem fé, pode entender que no final tudo vai ficar bem.

Ao completar os trinta minutos, me colocam na máquina para ver se o corante já chegou aos gânglios. Está tudo certo e eles colocam uma proteção no meu braço esquerdo. Sigo para o hospital.

Rapidamente chegamos ao Hospital Santa Catarina. Está situado na famosa Avenida Paulista, mas, apesar disso, não o conheço. Ao sair do táxi, sou surpreendida por um hospital agradável, com uma linda capela na lateral que evidencia sua arquitetura antiga. O local tem história, alma e espírito, e isso se respira em seu interior. Sinto-me calma e protegida.

O Hospital Santa Catarina foi um dos primeiros centros de saúde particulares construídos no país. Foi fundado em 6 de fevereiro de 1906 e é mantido pela Associação Congregação de Santa Catarina.

Antes de ser erguido no extremo sul da Avenida Paulista, o Hospital Santa Catarina já existia como um ideal da Congregação das Irmãs de Santa Catarina (ACSC) desde 1571. O objetivo dessa primeira instituição foi justamente proporcionar alívio aos doentes e a todas as meninas que não puderam frequentar a escola.

Depois de muitos anos de trabalho, o convento recebeu uma solicitação especial dos frades franciscanos que viviam no Brasil. Foi no século XIX, mais precisamente em 1897, que as irmãs de Santa Catarina se instalaram aqui.

Atrás da área da recepção vemos um mural de azulejos pintados que mostra as freiras vestidas com suas túnicas azul-celeste cuidando dos doentes, especialmente de crianças. As cores são antigas e desgastadas, dando testemunho da sua idade. Eu gosto.

Eu e minha mãe admiramos o ambiente. É como se tivéssemos voltado no tempo. Percebo a energia do local e me sinto bem cuidada e acolhida pelas freiras. Minha jornada celestial é interrompida pela recepcionista que, tentando gentilmente imitar a doçura das freiras, me convida a preencher um milhão de documentos, o que termina de vez com minha viagem espiritual.

Subimos para a ala de internação, onde me entregam um daqueles aventais supersexy, com aquela abertura mágica. Começamos a contagem regressiva para eu entrar na sala de cirurgia. Minha mãe está comigo e aguardamos a chegada do meu marido.

Não tenho muita experiência com salas de cirurgia, exceto pelas duas cesarianas que fiz para trazer meus filhos ao mundo. Agora, do outro lado das salas de cirurgia, já tive muito mais experiências do que gostaria. Rachel sofreu um acidente de buggy quando tinha dez anos e ficou internada por doze dias. Foram feitas seis cirurgias para salvar o seu braço. Por outro lado, há uns dois anos Daniel fez uma cirurgia nos ligamentos do joelho e, depois, no pulmão, por causa de um pneumotórax, uma bolha de ar nos pulmões. Prefiro mil vezes estar do lado de dentro da sala de cirurgia a ver um filho sofrer e não ser capaz de lhe poupar o sofrimento. Isso é a coisa mais dolorosa que uma mãe pode sentir. Não foi fácil chegar aqui, mas valeu a pena cada segundo.

De repente, meu marido chega e liberta minha mãe de sua função de acompanhante. Ela sai para pegar um café e ele se senta no sofá, absorto em seu telefone, lendo e-mails. É difícil desligá-lo do escritório, especialmente num dia de semana, e sua concentração só é quebrada quando o anestesista se apresenta. É um jovem de menos de quarenta anos, boa aparência e bem cuidado. Ele me pergunta por que serei operada e verifica qual dos meus seios tem o AV. Confirmo pela décima vez no dia que será o esquerdo. Ele me pergunta se já tomei anestesia geral antes, respondo que não e ele diz para eu não me preocupar, que hoje terei o melhor sono da minha vida. Com isso, dá um sorriso e vai embora.

A enfermeira entra para marcar meu peito esquerdo. Certamente ninguém quer operar o lado errado, eu pelo menos não pretendo passar por isso duas vezes. Meus pensamentos viajam até que o ronco ensurdecedor do meu marido me traz de volta. Ele nunca teve dificuldade para dormir – às vezes entra em um estado catatônico e ronca de um jeito ensurdecedor. Eu preferiria que minha mãe fosse minha acompanhante, pelo menos teríamos bastante papo, mas nada é perfeito.

Uma enfermeira o desperta de seu sono e me leva para a sala de cirurgia.

Quando estamos entrando na ala, penso em meus filhos. O ambiente é frio e, de repente, me encontro nua em uma sala, com os seios à mostra, cercada por um grupo de pessoas que nunca tinha visto na vida. Ali estou totalmente à mercê delas. Penso principalmente em Rachel, quando ela sofreu o acidente. Fico muito triste que ela tenha passado por tudo isso, sei que foi muito difícil, mas, ao mesmo tempo, entendo que são esses momentos que nos testam como seres humanos e projetam nossos desafios e histórias. Perguntam-me mais uma vez em qual seio está meu AV e, nesse momento, a pergunta me parece muito estúpida. Meu seio tem tantas marcas que é impossível não perceber. Paro meus pensamentos e, quando o médico me diz que em poucos minutos começará a aplicar a anestesia, passo a pensar em minha luz violeta de cura. Transformo-a na caverna lilás e oro pela minha cura. Rezo sem medo, mas ciente da vulnerabilidade da vida. Sem me dar conta, mergulho no sono mais profundo que já tive na vida.

Estou no quarto. Não é muito grande e o espaço fica ainda menor com a presença de minha mãe, meu marido e meus sogros, esperando que eu abra os olhos. Quando recupero um pouco a consciência, sinto-me bem. Eles me contam que tudo correu bem e que o AV era exatamente como descrito pela biópsia. Os tecidos adjacentes estavam limpos e o mais importante: os gânglios de minha axila esquerda estavam saudáveis. Dentro de todos os diagnósticos possíveis, o meu é excelente.

Sob os efeitos da anestesia, passo as próximas horas dormindo. A manhã seguinte chega logo, com a visita do médico, que corrobora todas as informações obtidas no procedimento. Ele me informa quando será a minha próxima consulta e cuidados básicos, repouso, não dirigir por duas a três semanas etc. Se o quarto ontem me parecia pequeno, agora me parece claustrofóbico, e eu aprecio o fato de receber alta tão rapidamente.

Chegamos em casa e, de um modo geral, me sinto muito bem. Minha mãe me recebe com alegria e um sorriso de orelha a orelha. Aos poucos, começa a dar suas ordens: descanse, não quero que você faça nada, estou aqui para isso, vou fazer comida todos os dias, estou aqui para isso... Respiro fundo e sorrio, temendo não sobreviver aos seus cuidados intensivos.

Meu seio não dói nada, mas confesso que o corte na axila que eles fizeram para analisar os meus gânglios incomoda bastante. Obviamente, não posso levantar o braço e tenho de me policiar constantemente para não fazer movimentos que me façam lembrar do corte. Ele dói e repuxa. Também estou toda enfaixada e os meus seios parecem ter aumentado de tamanho. Cochilo um pouco e sinto uma leseira que me impede de ficar mais ativa. Há quase dois anos não tomo nenhum remédio, nem mesmo para dor de cabeça. Meu corpo se sente esgotado por todos os medicamentos que me foram dados: antibióticos, anti-inflamatórios, analgésicos etc. Esse pensamento oprime minha consciência e começo a imaginar o que meu corpo necessita para se recuperar dessas agressões e retornar ao seu estado de bem-estar. Um ronco em minha barriga me traz de volta à realidade e lembro que, apesar de ser hora do almoço, ainda não comi nada. O café da manhã que trouxeram para o quarto não tinha nada de bom para o meu corpo e eu o recusei à primeira vista. Eu entendo que a logística de um hospital é complicada, mas é preciso dizer que a comida dos hospitais, especialmente o café da manhã, é a imagem de tudo o que não precisamos para nos recuperarmos de um procedimento cirúrgico. Pense na bandeja, só há alimentos industrializados, com uma lista de ingredientes artificiais, suco de frutas supostamente natural, mas de caixinha, queijo e manteiga embalados em um pote plástico, iogurte também embalado em plástico e um pão protegido por um saco plástico. Fico grata por não ter de ficar mais tempo aqui, e não é que eu seja fresca com comida, mas se pensarmos logicamente, o que o nosso corpo mais precisa após a cirurgia é de oxigênio que, obviamente, não existe em alimentos processados e embalados, além de vitaminas e minerais para nos ajudar a regenerar os tecidos danificados e combater o processo de inflamação. Nesse café da manhã, não houve preparação alguma por parte das cozinheiras, que apenas separaram os produtos e os colocaram na bandeja. Agora, se chegassem ao meu quarto com um café da manhã com ovos orgânicos preparados com ghee, um pãozinho sem glúten ou um pote de aveia sem glúten preparada com leite de arroz, um suco verde e um grande copo de água com limão, meu corpo começaria o processo de cura só de olhar para a bandeja. Mas diante de tanto plástico e propaganda enganosa, decido segurar minha fome até chegar em casa.

Jaciara, a funcionária que trabalha em casa há pouco mais de um ano, se converteu inconscientemente em uma coach de saúde. Ela conhece e entende todos os produtos e combinações mágicas necessárias para cada ocasião e me recebe com uma quinoa com legumes, ovos orgânicos e uma saladinha que prometem ressuscitar os mortos. Que alegria ver o meu prato de comida! Embora para a maioria das pessoas ele pudesse parecer pouco atraente, eu juro que quando começamos a entender que a comida é para alimentar o corpo e não a mente ou as emoções, todo mundo entende a minha alegria. A comida da minha mãe é deliciosa, alimenta a alma, mas, como não como carne de qualquer espécie, nem leite ou glúten, fica um pouco complicado. Segundo ela, eu não como nada, e ela me repreende por não poder me mimar com suas receitas de família. De qualquer forma, vejo que aos poucos ela aceita meu estilo de comer e compreende melhor a minha maneira de viver.

Os próximos dias não parecem muito desafiadores. Exceto pelo desconforto do corte na axila e das ataduras, meu corpo se sente normal. O inchaço estomacal causado no primeiro dia pelos remédios e pela anestesia foi amortecido rapidamente por minha alimentação e meus probióticos naturais, que rapidamente me ajudaram a recuperar o meu intestino. Não precisei tomar analgésicos e, de certa maneira, preferi suportar algum desconforto a aliviar a dor com um comprimido. Eu me pergunto se tenho alguma fobia de remédios. Mas, como também não sei o que vem pela frente, estou economizando minhas defesas para o que possa acontecer no futuro.

Visitamos o médico e ele está muito satisfeito com a minha cicatrização e recuperação. Ele nos diz que, após um mês, devo começar o tratamento de radioterapia. A essa altura, devemos já ter recebido o resultado do exame imunológico dos tecidos removidos durante a cirurgia para confirmar se precisarei de quimioterapia dentro dos próximos três meses. Ele esclarece que, mesmo que necessária, não será aquela quimioterapia intravenosa e invasiva que produz queda de cabelo, mas sim por meio de comprimidos.

Depois de concluir esses tratamentos, se for confirmado nos exames que meu AV é receptor de estrogênio, como indicaram as biópsias anteriores, terei de fazer um tratamento, que duraria cinco anos, para reduzir o risco de desenvolver outro AV. Olho para o médico e digo que não sei qual dessas possibilidades vou seguir, ao que meu marido me encara, respira fundo e começamos a discutir por que eu não estou disposta a obedecer ao tratamento. O médico nos acalma e pede para aguardar os resultados, que não adianta discutir por algo que ainda não está definido.

Estou cansada e sinto raiva. É um sentimento ainda tenta florar, e isso me mortifica. Não está certo e verifico mais uma vez que a vida é irônica e que, quando decide nos ensinar algo, faz isso da forma menos esperada, custe o que custar.

Minha mãe tenta todos os dias me ajudar a lidar com as minhas emoções, mas é um processo pessoal, ela também tem de lidar com as dela. Agradeço e aprecio sua companhia, mas a verdade é que quero ficar sozinha.

Excesso de proteção me frustra. Sei que, antes de ela chegar, me propus a me permitir receber seu carinho e seu cuidado, mas nunca pensei que todos esses sentimentos iriam surgir e agora quero ficar sozinha.

Estou com raiva porque simplesmente odeio tomar remédios. Sempre acreditei no poder da cura natural. Desde que comecei a trabalhar como coach eu promovo um estilo de vida saudável, evitando tomar remédios sempre que possível. Hoje estou prestes a começar um bombardeio de tratamentos médicos e isso me assusta. Tento entender a lógica dessa mensagem e desse desafio, mas ainda não tenho capacidade.

Percebo que é difícil para o resto da casa lidar com meus estados de humor. Sempre fui uma pessoa alegre e forte e hoje sou uma pessoa raivosa e confusa. Tento começar o dia meditando, mas os macacos tomaram conta da minha mente e não consigo ficar sentada quieta por mais de um minuto. Converso com Deus e peço que me desculpe por não ser capaz de manter minhas rotinas de conexão espiritual. Peço que não me abandone e digo que sempre rezei para Ele nos dias de verão, quando o sol brilhava intensamente, pedindo também que não me abandone nesses dias de chuva e frio e espere por mim que em breve retomarei meu curso.

Como mulheres e mães, estamos todos os dias às voltas com as necessidades da nossa família. É muito difícil parar nosso ritmo e ficarmos vulneráveis. Sei que afeta minha família me ver dessa maneira. É bem incômodo ter de pedir a meu marido que me ajude a tomar banho e lavar o cabelo, porque não posso levantar o braço e minha maldita axila ainda repuxa muito, como que para me lembrar de minha dependência.

Penso nas pessoas que têm de passar por situações muito piores, que não podem caminhar ou se alimentar sozinhas, e tenho vergonha das minhas emoções. Olho para o rosto de meu marido, que lava meu cabelo com delicadeza, limpando meu rosto enquanto choro de raiva, e fico comovida com seu carinho e amor, que me devolvem a calma. Sinto-me tão amada que agradeço e entendo que sempre amei e fui amada intensamente, e isso me tranquiliza. Fui feliz nesses 43 anos de vida e, se esse é o próximo obstáculo a superar para seguir em frente, eu o aceito e buscarei desesperadamente acalmar minha mente e minha alma.

Desde que recebi o livro "El Método", tentei incorporar sua meditação à minha rotina diária, mas confesso que na maioria das vezes não consigo. Meus filhos tentar lidar com as minhas mudanças de humor e minha falta de alegria, os dias passam e o corte na axila não incomoda tanto, mas minha cabeça me tortura mais do que nunca.

Para mim – e acho que para a maioria das pessoas – a parte mais difícil é ter de interromper o dia a dia, sair da rotina. Sempre fui uma pessoa muito ativa, meus dias começam por volta das seis da manhã com minhas meditações e orações, de segunda a sexta-feira vou à academia antes do trabalho e, a partir daí, o dia não para até o anoitecer. Agora, me levanto e fico ociosa, lidando com as emoções do momento. Continuo trabalhando, mas com poucas pacientes que ainda estão fazendo o tratamento que começaram no ano passado. Com tudo o que aconteceu depois das férias, eu não quis buscar novas clientes porque não sei o que me espera no futuro. Das minhas clientes, apenas uma sabe o que estou passando. O problema não é com elas, é comigo. Eu que ainda não aprendi a lidar com o meu diagnóstico, é como se fosse um marketing negativo. Coach de saúde com AV de mama, algo está errado nessa história. No final de janeiro, eu e minha sócia nesse projeto começamos a promover nossa terapia de grupo para reeducação nutricional, que começou no ano passado e foi um sucesso. Hoje, tivemos de adiar por causa da incerteza do que vem. Agradeço a cada uma das sessões que tenho com minhas pacientes. Elas me distraem, me fazem sentir útil e limpam a minha mente, elas me acalmam e me dão esperança. Eu estou me recuperando lentamente da cirurgia e em poucos dias poderei voltar a dirigir curtas distâncias, o que vai me dar um pouco de liberdade. Minha mãe está se preparando para voltar, afinal, já são quase três semanas longe de casa. Estou surpresa com seu comportamento esses dias. Acho que – da minha parte – os dias com ela não transcorreram como eu gostaria. Fiz o meu melhor para aceitar seu cuidado e seu carinho e queria ter sido mais amorosa, mais comunicativa, queria ter dito a ela quanto a amo e quanto aprecio seu amor, mas não consegui.

Emocionalmente, o diagnóstico de uma doença considerada crônica tem um impacto imenso, que só se pode entender completamente se você passou pela mesma coisa. Há muitas áreas impactadas por um AV. Como já passei por um divórcio, posso dizer que, de certa forma, é parecido, porque é algo que muda sua identidade em um nível superficial, que é a identidade que as pessoas que não são tão próximas de você conseguem perceber. Você passa de casada a divorciada – socialmente falando – e passa de uma pessoa saudável a uma pessoa doente ou muito perto da possibilidade de morrer – socialmente falando –, independentemente da gravidade ou do tipo de seu AV. A palavra genérica que conhecemos para AV assusta todo mundo e a reação das pessoas conhecidas varia imensamente, desde amigos até parentes.

Existem amigos que se aproximam e tentam fazer companhia na medida do possível, dão carinho e força; existem os que aparecem sutilmente para desejar força e não aparecem nunca mais e também os que nunca aparecem e nunca mencionam nenhuma palavra sobre o seu AV quando se encontram com você.

O mesmo acontece com nossos familiares. Alguns se assustam e desaparecem, e outros deixam claro que estão lá para o que der e vier.

Foi um processo difícil de entender, mas eu acredito que, na sociedade atual, as pessoas têm medo de enfrentar as coisas que não são tão perfeitas e nos recordam da fragilidade da vida, de sua imperfeição, da possibilidade de perder o falso controle que acreditamos ter e, por isso, ficam longe de quem está passando por uma fase difícil.

Quando me divorciei, perdi a maioria de meus amigos. Era como se, por eu ser divorciada, falar comigo significasse um risco de contágio que os colocasse em risco de também passar por um divórcio. Dessa vez, senti algo muito parecido com o AV, só que meu nível de consciência atual me ajudou a lidar e levar a situação de forma diferente. Como a vida sempre nos traz surpresas, descobri novas pessoas e amizades que me deram todo o seu carinho e o seu apoio inesperadamente. Sem dúvidas, essas novas descobertas compensaram o afastamento dos outros. Sem dúvidas, essa experiência com o AV me enriqueceu muito como pessoa, me mostrou a compaixão a partir de uma outra dimensão. A fragilidade da vida não me inspira mais medo, e sim esperança. Por isso, passo a mensagem que, se você conhecer uma pessoa com AV, faça uma pausa de sua rotina e deixe essa pessoa saber que você está presente e ciente de seu desafio, de sua realidade. Graças a Deus, nesse mundo tenho pessoas que me amam muito e que me deram força pelo caminho, mas há pessoas que vivem esse processo de forma muito solitária, especialmente mulheres que são abandonadas pelo marido quando sua aparência física é fragilizada pelo AV. Isso acontece em todos os níveis sociais e culturais, e um simples ato de carinho pode fortalecer os tecidos mais profundos de nosso corpo.

    É difícil para eu ficar parada. Eu me sinto muito bem fisicamente, minhas emoções são uma montanha-russa. Alguns dias, fico tranquila e sinto que está tudo sob controle, outros, fico pensando em todas as decisões que preciso tomar a respeito dos próximos tratamentos e me sinto descompensada. Volto a sentir medo de tomar uma decisão equivocada. Pela primeira vez, a vida me põe à prova para escolher qual ramo da medicina escolher para me tratar. Eu sempre optei por coisas mais naturais, mas, quando você tem filhos que precisam de você e um diagnóstico que pode afetar sua existência, é difícil não ficar confusa. Aceitei fazer a cirurgia para remover o tumor porque ele já estava ali, mas hoje eu me sinto mais saudável do que nunca. Fico perturbada por ter de tomar um remédio ou fazer um tratamento para me curar de algo que não sinto. Sei que devo ir passo a passo, vivendo o presente, mas é difícil.

No período da manhã, vem me visitar uma dessas amigas surpresa que apareceram após meu diagnóstico. Somos amigas há poucos meses, mas, quando ela soube de meu AV, demonstrou todo o seu carinho e a sua fé na minha recuperação. É uma visita rápida, tomamos uma xícara de chá em casa mesmo, pois ainda não posso dirigir.

Ao chegar, me reconforta com sua presença. Minha mãe a cumprimenta cordialmente e se retira para nos dar um pouco de privacidade. Conversamos sobre suas aulas, ela recentemente começou a estudar para se tornar coach de saúde. Eu apresentei essa ideia a ela há algum tempo, pois ela sempre me pareceu uma excelente candidata a estudar e se beneficiar do curso.

Falamos de trivialidades e de meu AV, e ela me diz que descobriu um terapeuta mexicano que faz uma espécie de terapia emocional e que, quando se encontrou com ele, se lembrou muito de mim, por isso sua pressa de me ver para saber se eu estava interessada em uma consulta com ele.

Essa amiga também é mexicana e está no Brasil devido ao trabalho de seu marido. Ela tem um filho que em determinado momento teve ataques epilépticos, sem ser oficialmente epiléptico e, conversando com outra amiga, ela soube desse terapeuta que ajuda gente com doenças crônicas, especialmente AV. Ela me dá o telefone dele e, como eu não estava fazendo nada nessa parte emocional, considero a possibilidade de alguém me ajudar a organizar os irrequietos macaquinhos da minha cabeça.

Nos próximos dias, pelo WhatsApp, entro em contato com ele. Ele mora na Cidade do México e agendamos um horário para atendimento via Skype. Por sorte, consigo para o dia seguinte, sem muita dificuldade.

O dia foi agradável, a visita de minha amiga quebrou a rotina do meu estado de semiaposentada. Passo o resto da tarde aproveitando os poucos dias que ainda tenho com a minha mãe. Seus mimos já estão me sufocando um pouco, mas sou tolerante e entendo sua dor de mãe também.

Hoje é meu horário com Eric, o terapeuta mexicano. A verdade é que nem minha amiga soube explicar nem eu realmente sei o que ele faz, mas por algum motivo a ideia de falar com ele me parece correta. Tenho um horário marcado às nove horas da manhã. Temos três horas de diferença a menos, por isso, o fato de ele ter aceitado marcar uma consulta tão cedo é um bom sinal. Vou com minha mãe deixar a Rachel no colégio. Como ela vai embora daqui a dois dias e já se passaram duas semanas da minha cirurgia, digo a ela que quero tentar dirigir, com ela ao meu lado. Nos últimos dias, foi ela que levou Rachel para a escola e fez algumas compras no supermercado. Nada muito distante, o trânsito de São Paulo não é para qualquer um.

Ao chegar em casa, tomamos café da manhã e digo a ela que preciso falar com alguém no computador. Ela imagina que deve ser algum de meus clientes e, sem explicar muito, vou para o outro quarto e fecho a porta para ter mais privacidade.

Eis que em poucos minutos me encontro em frente ao computador, conversando com um estranho no hemisfério norte – a magia da tecnologia. Ele é um senhor de mais ou menos cinquenta anos e está bem agasalhado. Penso se aqui é fim do verão lá ainda é inverno e várias camadas de roupa são necessárias.

É um homem muito agradável. Em seus traços, é possível identificar seus antepassados mexicanos. Ele tem uma voz profunda e melódica e se expressa muito bem. É um orador eloquente e inspira respeito.

Digo-lhe que ele me foi recomendado por uma amiga e, depois de compreender todas as redes humanas que nos levaram às redes tecnológicas, ele me pergunta como pode ajudar. Começo a contar que tive um AV de mama e que fui operada em 18 de fevereiro, que estou muito bem e me recuperando, mas a parte que me complica é a parte emocional, principalmente porque não me sinto doente, nunca me senti doente. Eu disse a ele que minha amiga tinha me dito que ele trabalhava com umas teorias diferentes e interessantes sobre doenças e emoções e que eu tinha ficado interessada em bater um papo.

Ele me diz que sim, que realmente trabalha com uma forma diferente de abordar ou interpretar doenças. Já trabalhou com muitas pessoas com doenças crônicas, especialmente AV, e me explica que seu trabalho é baseado na Nova Medicina ou Medicina Germânica do Dr. Hamer. Quando ouço sua explicação, percebo que é a mesma medicina sobre a qual eu tinha visto vários vídeos, a mesma que minha colega de escola me apresentou, garantindo que eu não deveria operar ou tratar com a medicina tradicional. Mal pude acreditar que estivera inconscientemente buscando esse conhecimento desde antes da minha cirurgia. Agora, era eu mesma que estava cara a cara com essa terapia. Coincidência? Acho que não.

Suspiro e vejo que ele nota meu desconforto. Ele me pergunta se tem alguma coisa errada, eu demoro a responder e acabo admitindo que sim, que havia recebido vários vídeos sobre a medicina germânica, mas que tinha ficado com medo e não quis entrar em detalhes ou saber mais a respeito.

Surpreso, ele me pergunta o motivo e eu começo a explicar. Digo a ele que sempre acreditei no poder de cura natural do corpo. Conto que sou coach de saúde e que tenho um grau de consciência do meu corpo e da minha saúde muito grande. Explico que para mim ainda é muito difícil encontrar um equilíbrio entre a medicina tradicional e a medicina natural – tem sido um grande desafio como coach de saúde viver este processo harmoniosamente. Ele concorda e me pergunta qual é o problema. Começo a contar que fui apresentada a essa medicina por uma colega de escola que tinha acabado de voltar da Nicarágua, onde fez um curso de medicina germânica. Isso acontecera exatamente dois dias antes da minha cirurgia. Sem o menor cuidado, ela tinha dito enfaticamente que era para eu não operar nem fazer nada antes de assistir aos vídeos e estudar os seus livros. Segundo ela, a cirurgia seria o maior erro que eu poderia cometer e, como essa conversa tinha ocorrido pouco antes da data da minha operação, fiquei terrivelmente incomodada. Além disso, o pouco cuidado que ela teve como terapeuta não me pareceu certo e optei por deletar todos os vídeos e materiais que ela me enviara, tentando manter a calma até a hora da minha cirurgia.

Ele assentiu e me entendeu completamente. Também concordou que a maneira como ela tratou o assunto não fora apropriada e afirmou que tampouco estava ali para proibir o uso da medicina tradicional ou qualquer tratamento. Essa decisão cabia a mim e era minha responsabilidade. Seu objetivo era dar ao meu AV outro enfoque, que talvez ajudasse no meu processo de cura.

Suas palavras e o carinho refletido em seus gestos me confortaram imensamente. Meus ombros se relaxaram e o medo se dissipou. Eu sabia que não era mera coincidência minha nova amiga ter me passado seu telefone e eu ter entrado em contato logo em seguida, sem fazer muitas perguntas. Sentei-me confortavelmente na frente do computador, disposta a dar à filosofia do Dr. Hamer uma nova oportunidade de entrar na minha vida.

Cordialmente, ele me pergunta vários detalhes da minha vida, afirmando que gosta muito da ideia de que eu também seja terapeuta e trabalhe ajudando as pessoas. Em seguida, me pergunta em qual dos meus seios apareceu o AV. Respondo, como tenho repetido muitas vezes, que é o lado esquerdo.

Ele me olha fixamente e pergunta se eu tive algum percalço ou emoção forte com algum dos meus filhos nos últimos tempos, uma espécie de colapso do ninho familiar, porque, de acordo com a teoria da medicina germânica, essa dor ou choque tem o potencial de desenvolver um AV no seio esquerdo quando o conflito é vivido em silêncio por muito tempo.

Lembro-me como se fosse ontem da emoção que senti ao ouvir suas palavras. Finalmente, alguém descrevia exatamente o que eu achava que tinha provocado meu AV. Chorei e comecei a contar, pela primeira vez, o que para mim havia simbolizado esse AV e por que eu achava que isso tinha acontecido. Expliquei que desde meados do ano passado estava sofrendo porque meu filho iria estudar no exterior e que, embora estivesse tranquila com sua partida e feliz por sua conquista, aquilo tinha despertado muitas emoções, medos e tristezas, guardados por anos. E, quando chegou a hora de me preparar para a sua partida, deixei escapar essas emoções e apareceu esse AV. Contudo, apesar de todos os diagnósticos que me disseram que eu estava doente, me sentia mais saudável e feliz do que nunca e que estava procurando desde o primeiro dia algo para me ajudar a entender a minha interpretação do meu AV.

Chorei de alegria e de alívio ao saber que não estava sozinha em minha interpretação. Agradeci a Deus por colocar essa pessoa em meu caminho, eu havia rezado tantas vezes pedindo ajuda para encontrar respostas, mensagens, o caminho a seguir. Pedi tanto que me ajudasse a entender o "para quê" desse AV e o que eu deveria fazer com esse desafio de vida, como eu faria para explicar aos meus pacientes que o aparecimento de um AV era o início de uma cura. As palavras de Eric me tocaram imensamente, a paz e o alívio que senti naqueles momentos são inesquecíveis. Pela primeira vez, entendi para que esse AV apareceu na minha vida. Para espalhar essa mensagem a todas as pessoas que estavam ao meu alcance, para consolar de uma maneira melhor meus pacientes e ajudá-los a encontrar o conforto de que precisam. Foi nesse momento que comecei a curar minha alma e meu coração e decidi escrever um livro. Minha missão agora era ajudar as pessoas a entender como as emoções afetam nosso corpo. Deus estava me dando as ferramentas que me faltavam para ser uma coach de saúde mais humana e mais consciente; por isso serei eternamente grata a Ele.

10
COM A CURA CHEGA A CALMA

O conteúdo deste capítulo é o principal motivo pelo qual escrevi este livro. Vou repetir algumas das coisas que já compartilhei, porque acho importante recapitular as principais ideias que me trouxeram até aqui.

Aos 43 anos de idade, vivo completamente feliz. Encontrei equilíbrio entre corpo e espírito, tão essencial para a saúde global. Meu corpo está com todos os indicadores de saúde perfeitos, nunca fumei, bebo bebidas alcoólicas com pouca frequência, durmo bem, a atividade física tem sido sempre uma parte constante do meu dia a dia, mantenho uma dieta muito saudável, porém, apesar de tudo isso, um dia descobri um AV no seio esquerdo. Quase nunca fico indisposta e, apesar de todas as viroses que vemos por aí, há mais de dois anos que não fico sequer resfriada.

No momento do meu diagnóstico, não senti nenhum desconforto físico nem na região das mamas, nem em outra parte do corpo. Meu AV foi descoberto pelo meu check-up anual.

Quando recebi o diagnóstico de AV de mama, imediatamente vieram à minha mente imagens do ano anterior, quando tive de lidar constantemente com fortes emoções, às voltas com a partida de meu filho para estudar no exterior. Aquilo simbolizava o fechamento de muitas conquistas ao longo dos meus anos de mãe divorciada. Por outro lado, junto da tristeza pela partida iminente, veio a calma pelos objetivos conquistados. Foi nesse momento que entendi claramente que meu AV tinha uma origem emocional. Isso foi o que me motivou a ir atrás de alguma ciência, filosofia ou teoria para me ajudar a confirmar os meus sentimentos. Quando encontrei a nova medicina ou medicina germânica, descobri textos descrevendo exatamente como eu me sentia a respeito da origem do meu AV. Foi tão comovente e transformador que não duvidei que, de alguma forma, eu deveria ajudar a divulgar o trabalho do Dr. Hamer, descobridor da medicina germânica, para que outros pacientes com AV pudessem se identificar com sua teoria e viver o processo com mais calma e compreensão, favorecendo o processo de cura.

Tentarei, com minhas palavras, resumir um pouco sobre como o Dr. Hamer chegou a essa descoberta e explicar as principais teorias de sua medicina, sem entrar na parte científica, já que não sou especialista nesse tema e meu conhecimento é limitado. Quero apenas compartilhar o que sei, porque foi o suficiente para avançar na minha cura sem medo e com liberdade. Sei que isso pode ajudar quem se identificar com as minhas palavras e experiências. Se você precisar de mais informações, poderá se aprofundar e ler mais sobre o assunto na internet.

Vinte anos atrás, o Dr. Ryke Geerd Hamer, médico alemão com consultório em Roma, na Itália, recebeu uma ligação no meio da noite. Seu filho de dezessete anos havia sido baleado enquanto passava férias no Mediterrâneo. Três meses mais tarde, o rapaz, chamado Dirk, morreu. Pouco depois, o Dr. Hamer, que gozara de boa saúde a vida toda – mas estava completamente devastado por essa catástrofe –, descobriu que tinha AV testicular. Desconfiado da coincidência, o doutor começou a pesquisar as histórias pessoais de pacientes com AV para ver se eles haviam sofrido qualquer choque, angústia ou trauma antes da doença.

Com o tempo, depois de extensa pesquisa com milhares de pacientes, o Dr. Hamer foi finalmente capaz de concluir que a doença fora causada por um choque para o qual não estamos totalmente preparados. Esse último ponto é muito importante. Se nós pudermos de alguma forma estar preparados para um evento impactante, não ficaremos doentes. O Dr. Hamer, assim como eu, não gostava de usar a palavra genérica para esse evento. Ele se refere ao AV como uma resposta biológica especial a uma situação incomum. Quando a situação "choque" é resolvida, o corpo começa a voltar ao normal. Essa minha descrição é muito simplificada, claro.

De modo geral, a descoberta do Dr. Hamer pode ser resumida da seguinte forma: depois de um choque ou conflito biológico, como ele o chama (Síndrome de Dirk Hamer – DHS, em homenagem a seu filho), ocorre o surgimento de um foco de atividade no cérebro, chamado de HH (Hamerschenherd).

Tal conjunto de anéis concêntricos, que pode ser visto em uma tomografia computadorizada, incide sobre um ponto específico do cérebro.

A localização desse foco em uma das três camadas do cérebro depende da natureza do conflito. Assim que o HH aparece, o órgão controlado por esse centro específico do cérebro registra uma transformação funcional. Essa transformação pode se manifestar como crescimento ou perda de tecido ou perda de função.

Se ainda não está claro, falarei mais especificamente do AV de mama, segundo o Dr. Hamer.

Nosso cérebro tem três camadas: ectoderme, que é a mais externa, mesoderme, que é a do meio, e endoderme, que é a mais interna.

De acordo com Dr. Hamer, cada vez que ele analisou as tomografias computadorizadas da cabeça de pacientes com AV de mama glandular, existia o aparecimento de anéis na folha embrionária da mesoderme, especificamente na camada antiga ou cerebelar.

Se fosse um AV de mama galactóforo (ou de dutos), os anéis apareciam na camada cerebral ectodérmica, ou seja, mais externa.

O que determina se esse AV de mama vai se desenvolver de forma intraductal ou glandular depende da natureza específica das emoções envolvidas no conflito, que determina a localização exata do cérebro que será impactada pela DHS (choque conflito) e, portanto, determinará se será afetado o duto ou a glândula.

Meu AV de mama foi de duto.

Essas manifestações estão em conformidade com as regras da lateralidade. Mais precisamente, uma mulher destra responde com o seio esquerdo se for um conflito do tipo mãe-filho(a) ou filho(a)-mãe, mas responde com o seio direito se for um conflito com o marido ou companheiro(a). Quando falamos de companheiro(a), isso inclui parceiros da vida como marido, amigo ou amiga, irmão, irmã, pai ou até mesmo um sócio de negócios. Para a mulher canhota, serão afetadas as mamas opostas.

O câncer de mama glandular tem a ver com o ninho das mulheres, no sentido de que sofrem uma "luta ou disputa", "preocupação" que ocorre em seu ninho ou lar. A preocupação pode envolver a saúde de um ente querido ou até mesmo ser jogada para fora do ninho pela própria mãe! A questão, na sua mais ampla expressão, no entanto, envolve a separação de um ente querido.

O câncer dos dutos de leite tem mais especificamente a ver com "ter um(a) filho(a), mãe ou companheiro(a) arrancado(a) de si". Novamente, é um conflito de separação e as regras de lateralidade também se aplicam neste caso.

No meu caso, sou destra e vivi um conflito de separação com meu filho, o que desenvolveu um AV de mama de duto no meu seio esquerdo, correspondendo às regras de lateralidade mencionadas. Ou seja, meu tipo de AV coincide 100% com a teoria do Dr. Hamer.

Quando recebi essa informação pelo Eric, foi algo muito forte. Chorei de alívio e paz interior. É por isso que hoje estou aqui sentada humildemente, querendo compartilhar essas informações com você. Como seres racionais que normalmente somos, em uma sociedade na qual tudo tem uma causa ou origem, foi essencial compreender a origem do meu AV, porque para mim não fazia sentido uma origem de saúde física.

Minha ideia aqui não é promover a cura para os AVs nem promover o método de Hamer como único tratamento. Acho importante também contar um caso acontecido no início da década de 1990, de uma jornalista espanhola com AV que não usou os tratamentos da medicina tradicional, divulgou a medicina germânica como tratamento para AV e, depois de viver uma vida saudável por vários anos, faleceu pelo reaparecimento do AV.

Ter encontrado a medicina germânica para mim foi a chegada da calma e da compreensão e me ajudou a continuar em frente sem medo e com alegria e aceitação do meu diagnóstico. Outra coisa que me deu forças foi vê-lo não como uma doença, mas como um Apego à Vida (AV), um esforço do meu corpo e da minha natureza de mamífero de apegar-se à vida com toda a sua biologia. Mas eu planejei a minha linha de tratamento e quero aprofundar essa parte.

No começo, quando apareceram as teorias da medicina germânica, elas se apresentavam como o único tratamento necessário para combater AVs, deixando totalmente de lado os tratamentos da medicina convencional, como cirurgias, radioterapia e químio. Hoje, contudo, é possível encontrar diferentes profissionais da saúde que complementam a MG com tratamentos tradicionais.

Ao mesmo tempo, a MG estabelece que os AVs são desenvolvidos devido a um trauma inesperado. Eu não tenho nenhuma evidência disso e esse nem é o meu propósito. Menciono esse fato porque, como coach de saúde, sempre promoverei um estilo de vida saudável e evitarei o uso de drogas que atentem contra nosso corpo. Se um AV pudesse ter apenas uma origem emocional ou de trauma, eu diria livremente que você pode fumar à vontade, porque nunca terá um AV de pulmão, mas é óbvio que jamais farei isso.

Meu objetivo é simplesmente apresentar uma forma diferente, dentro da medicina tradicional, de enfrentar ou analisar um AV. Se você se identificar com o que diz a MG, pode utilizá-la em seu processo de cura com outras ferramentas que julgar necessárias.

Para mim não foi fácil, nem para a minha família. Quando comecei minhas sessões de MG, minha família entrou em pânico, especialmente minha mãe, porque no começo fiquei em dúvida sobre quais terapias escolher para enfrentar a situação. Com a minha mentalidade natureba, muitas vezes senti e ainda sinto medo de usar a medicina tradicional. Ironicamente, sou casada com uma pessoa que trabalha na indústria farmacêutica e eu mesma já trabalhei onze anos nesse setor, mas minha espiritualidade e fé me fizeram compreender que a inteligência do homem se desenvolveu e conseguiu alcançar avanços impressionantes na medicina para o nosso bem, desde que tudo seja feito com consciência. Não pretendo julgar ninguém pelo tipo de tratamento que escolher. Não posso dizer qual é melhor ou pior, mas posso afirmar algo que aprendi no meu instituto de coaching e que me foi extremamente útil nesse processo: o conceito de bioindividualidade. Nem todos os tipos de alimentos ou dietas funcionam da mesma maneira com todas as pessoas. Nem todos os tratamentos médicos funcionam da mesma forma com todas as pessoas – também temos uma bioindividualidade médica que devemos descobrir e conquistar.

Para mim, esse processo tem sido muito desafiador e surpreendente. Ele mudou radicalmente minha mentalidade como coach e terapeuta, e só por isso valeu a pena vivê-lo. Obviamente, há muito mais fatores que compartilhei e compartilharei com você.

Lembro-me de uma das minhas sessões antes de começar o processo de radioterapia. Eu estava arrasada por ter de tomar aquela decisão e tinha medo de errar. O pior é que não dá para sair por aí pedindo a opinião das pessoas, porque cada uma fala uma coisa. É preciso se educar a respeito e entender como é o tratamento, mas, se você começar a fazer enquetes com os outros para decidir o que fazer, vai acabar enlouquecendo. A resposta está apenas dentro de nós e é aí que devemos procurá-la.

Quando estava na minha sessão, comentei com Eric que não sabia se devia fazer o tratamento de radioterapia. Lembro que ele me disse que, de acordo com a medicina germânica, eu não precisaria, mas que para ele o mais importante era minha tranquilidade. Ou seja, mesmo que não fosse necessário, contanto que me deixasse tranquila, teria um efeito placebo. Foi nesse momento que entendi que tinha encontrado o terapeuta certo, que me dava a liberdade para escolher.

Confesso que depois de terminar minha sessão com Eric me senti aliviada por entender que tinha a liberdade de escolher, mas o medo de errar persistia. Não há nada pior do que o medo, porque ele nos imobiliza e impede de avançar. Conversei com vários médicos para entender qual seria o impacto da radioterapia no meu corpo, passei tardes inteiras pesquisando, sempre sob o olhar preocupado de minha família com relação às minhas dúvidas sobre os tratamentos convencionais.

Durante esses dias, meu temperamento era uma coisa horrorosa. Eu nunca tinha vivido ou sentido medo por um tempo tão longo e sou testemunha de que, se não controlarmos nosso medo, ele pode acabar conosco. Certa manhã, enquanto levava minha filha para a escola, ela me perguntou como eu estava. Meus olhos se encheram de lágrimas e eu disse que estava com medo e angustiada, porque devia começar a radioterapia e, basicamente, não sabia se queria fazê-la ou não. Ela me olhou docemente e falou:

– Eu sei, mãe, mas quero que você se trate.

Fiquei muito comovida porque vi que ela também estava com medo, mas que era ainda muito nova e não tinha muitas ferramentas para lidar com isso. Entendi que eu tinha de me fortalecer e deixar o meu medo de lado para poder avançar.

Quando cheguei em casa, sentei em frente ao meu altar, chorei e rezei, reconhecendo para Deus que eu estava com muito medo e que esse medo me impedia de distinguir se deveria ou não aceitar o tratamento de radioterapia. Orei intensamente e pedi a Ele que me mostrasse o que eu deveria fazer, pedi que me mandasse um sinal, que eu obedeceria.

Naquela noite, deitei na cama exausta. A radioterapia começaria nos próximos dias e eu ainda sentia medo de fazê-la e de não fazê-la. Certo mau humor causado pelo medo me deixou intolerável a maior parte do tempo e minha família sofreu junto. Deitei na cama e comecei a chorar, meu marido pegou minha mão e me perguntou o que eu tinha. Eu disse que tinha medo porque não sabia o que fazer, e ele apenas me beijou tentando me consolar. Ele também sabia que não podia me dizer o que fazer, que a resposta eu deveria encontrar dentro de mim.

Naquela noite, dormi profundamente, pedindo a Deus novamente para me ajudar a encontrar a resposta. Dizem que quando você acorda às quatro horas da manhã é porque os espíritos querem lhe entregar uma mensagem. Senti um peso na beirada da cama, como se alguém tivesse se sentado e mexido ligeiramente o meu corpo. Acordei e vi um vulto na sombra, era um homem alto, sem rosto, usando um chapéu. Não sei dizer quem era nem pude associá-lo a nenhum parente do sexo masculino que tivesse falecido, mas sua mensagem foi muito clara. Ele me disse:

– Andrea, você deve fazer radioterapia.

Apoiou a palma da mão na minha coxa, em um gesto para me dar calma e confiança. Não senti medo, senti paz. Depois, relacionei esse homem a Pedro, padrasto de minha mãe que faleceu tragicamente em um acidente de trem quando ela era criança. Ele havia aparecido em minha última constelação familiar, mas eu não tinha como saber se era ele ou não. Eu nunca o tinha visto nem em fotos e o espírito que me visitou não tinha rosto. Foi só o meu instinto que me disse que era ele. Dormi profundamente.

    Na manhã seguinte, acordei um pouco cansada. Sentei-me na cama e me lembrei claramente do que tinha acontecido. Suspirei fundo e agradeci pela resposta, ainda um pouco surpresa pela forma como ela tinha aparecido. Fui ao banheiro e, ao encontrar o meu marido, que estava se arrumando para trabalhar, disse a ele que faria a radioterapia, que sabia que era a coisa certa a fazer. Ele me perguntou como eu sabia, e eu lhe contei o ocorrido. Sem mais questionamentos, ele aceitou minha decisão.

II
A RADIOTERAPIA

Depois da consulta com a médica encarregada da minha radioterapia, descobri que deveria fazer 25 sessões na região do seio esquerdo, seguidas por outras cinco sessões apenas na área da cicatriz. Pesquisei muito sobre os efeitos colaterais que pode ter a radioterapia. Ela é considerada o método mais eficaz para preservar o seio quando este apresentou um AV, tanto ou mais que a mastectomia. Só que, na minha opinião, o impacto psicológico que isso teria sobre a minha pessoa seria muito mais devastador. Por isso nem considerei a mastectomia, não por estética, mas por considerá-la uma forma de mutilação.

O efeito colateral mais significativo é a fadiga, uma espécie de preguiça intensa, uma vontade de ficar largada sem fazer nada, não necessariamente por uma razão psicológica devido à depressão, mas pelo cansaço extremo que o tratamento provoca. A radiação mata as células para evitar que sobrevivam células malignas, mas também mata as boas, e nosso sistema imunológico deve estar bem para regenerar os tecidos e reproduzir as células perdidas.

Outro efeito colateral está relacionado com a pele, que sofre os efeitos como se você tivesse tomado sol sem a parte de cima do biquíni e sem protetor solar. Por isso, é preciso manter um controle regular para ver como sua pele reage e aplicar creme com corticoides se for necessário.

Chego à minha primeira sessão de rádio depois de, na semana anterior, terem feito todos os estudos e medições relevantes para entender a região específica a ser tratada. Ganhei de presente três pontinhos permanentemente tatuados que definem por onde devem passar os raios. Não me importo; antes eu já tinha duas tatuagens, agora tenho cinco. Espero encontrar uma maneira criativa de honrar sua presença no meu corpo mais para a frente.

Minhas sessões acontecem no Hospital Israelita Albert Einstein, o mesmo lugar onde fiz a biópsia. Embora faça também algum trabalho beneficente, este é um hospital para pessoas com alto poder aquisitivo ou um excelente plano de saúde. De modo geral, na sala de espera encontram-se principalmente pessoas de nível econômico confortável, ocasionalmente frias e pouco dadas à interação com outros pacientes.

As instalações e os funcionários são muito agradáveis e totalmente focados em fazer você se sentir confortável e à vontade. Na verdade, é uma atmosfera acolhedora que acho que pretende nos fazer esquecer um pouco do AV.

Ao chegar, recebo uma pulseira de papel amarelo que me diferencia, como paciente, dos familiares que também estão na sala de espera. Sento-me em uma poltrona e discretamente começo a observar quem são os pacientes e os acompanhantes. Fico surpresa ao constatar que a maioria dos pacientes tem uma aparência muito saudável, como eu, e não apresenta um aspecto doente ou debilitado. Eu me pergunto se a origem de seu AV terá sido emocional. Eu me sinto como uma detetive do Dr. Hamer, quero compreender o diagnóstico das pessoas para ver se correspondem à teoria, mas tento sossegar, respeitando a privacidade dos outros e confiando que a vida me apresentará a oportunidade de validar essa teoria.

Enquanto espero ser chamada, penso em outras correlações de diferentes tipos de AV e tento associá-las a pessoas que conheci e que sofreram dessa enfermidade, para ver se faz sentido de acordo com Hamer. Alguns dos choques emocionais que podem causar outros tipos de AV são:

– AV ulcerativo do fígado: conflito de rancor, geralmente com um membro da família, geralmente relacionado a dinheiro;
– AV coronário, brônquico ou do pericárdio: conflito de território, como uma perda de emprego ou uma esposa que vai embora com outro;
– AV de colo do útero: conflito sexual feminino de frustração. Marido flagrado com outra ou gravidez da amante do marido;
– AV de testículos: conflito de perda, um pai que perde um filho ou um jovem que perde um amigo;
– AV ósseo: conflito de desvalorização, exemplos: um funcionário que nunca é promovido no trabalho, um estudante que não passa nos exames, ou um doente que descobre que tem algum AV;

– AV pulmonar (manchas redondas no pulmão): conflito de medo mortal (diagnóstico de um prognóstico brutal, diagnóstico de AV apresentado como não tendo cura).*

É importante ressaltar que isso não significa que todo mundo que lida com essas situações desenvolverá um AV, em absoluto. Geralmente, isso acontece com pessoas que não sabem como lidar com a emoção e sofrem em segredo e sozinhas por um longo tempo. Ironicamente, Hamer fala de um período de cerca de nove meses, equivalente ao período de gestação.

Também não significa que não podemos sentir medo ou que devemos ser indiferentes a situações de vida traumáticas. O segredo é saber como gerenciar e expressar nossos sentimentos e emoções da maneira certa para não deixar esses sentimentos presos dentro do nosso corpo.

---

* CALLEJÓN, Fernando; PLATA, Guillermo H. *No es posible curarse sin aprender a vivir.* Argentina: Vitae, 2009.

12
RADIOTERAPIA E A DOR ALHEIA

Hoje começam minhas trinta sessões de terapia. Parece uma eternidade, mas uso comigo a mesma lógica que aplico quando faço alguma restrição alimentar aos meus pacientes. Começo a olhar para o tempo em semanas e depois meses, assim, ele parece menor: trinta dias são apenas quatro semanas, apenas um mês e daí por diante.

Ao chegar à sala de espera, fico surpresa por ela estar cheia de mulheres e homens de todas as idades. Devo confessar que a maioria tem um aspecto muito saudável, mesmo as pessoas com queda de cabelo, e isso me assusta e me faz pensar novamente se a raiz desses AVs será emocional ou física.

Durante a espera, entra um casal de pais muito jovens, com um garotinho sem nenhum fio de cabelo para fazer sua sessão de radioterapia. Ele traz seus brinquedos favoritos e todo mundo o recebe com grande alegria e familiaridade. Sorrio para ele antes de seus pais o deixarem para iniciar o tratamento. Ele começa a chorar e os pais se afastam. Vejo em seus olhos o cansaço de noites sem dormir, de perguntas sem resposta, da dor sem fim e a vida me comove totalmente. Agradeço a Deus por ser eu nessa sala de espera e não meus filhos ou meus sobrinhos.

Se alguém pode sofrer mais que os pacientes com AV são certamente os pais, independentemente da idade da criança. Foi por isso que, quando descobri o meu AV, senti tanta dor ao contar para minha mãe. Hoje, quando vejo o sofrimento desses pais, penso nela e em como deve ser difícil estar em outro país enquanto eu começo meu tratamento.

Espero e penso no que vou sentir quando fizer a radioterapia. Pesquisei na internet e os sintomas variam de acordo com o órgão tratado. Em geral, a maior consequência é o cansaço, uma espécie de preguiça corporal, mas já mentalizei que não devo procurar clientes novos para ter mais flexibilidade de horário. Terei de vir aqui durante trinta dias e, apesar de o tratamento em si não durar muito, levei uma hora para chegar até aqui e preencher toda a papelada. Chamam meu nome e eu entro. É minha vez de começar.

Sou recebida por Juliana, uma jovem muito doce, com um lindo sorriso. Ela me orienta a tirar toda a roupa da cintura para cima e colocar o avental aberto atrás. Quando entro na sala, sou recebida por Fernando. Ele tem um anjo especial, uma energia muito agradável, como todos os funcionários que trabalham na ala de oncologia. Fica claro para mim que aquele não é um trabalho para qualquer um.

Entro em uma sala onde me indicam que serão realizados todos os meus tratamentos. Ao entrar, parece que sou transportada diretamente para a Patagônia chilena. Que frio! Meus mamilos se encolhem e a sensação é que não vão relaxar nunca mais. Emito um "brrrrrrr" que não passa despercebido pela equipe. Prometem me agasalhar quanto for possível. Deito na máquina e uma espécie de prato de metal gigante fica acima da minha cabeça. Vejo que é decorado com milhões de adesivos de diferentes personagens infantis – sinto muita pena e compaixão pelas crianças que podem estar passando por isso. Fico alguns instantes prestando atenção, tentando descobrir histórias e emoções escondidas. Enquanto isso, Fernando e Ju me acomodam para alinhar os pontinhos tatuados com os raios. Como meu seio é o esquerdo, na hora da radiação devo tentar segurar a respiração para afastar o coração do seio a ser irradiado. Não deve ser um problema, eu pratico meditação e respiração há anos e, ironicamente, um ano e meio atrás comecei a fazer natação. Minha capacidade pulmonar é muito boa. Parece até que a vida me preparou para esse evento...

Começamos a sessão e eu permaneço em estado de alerta, esperando para ver como meu corpo vai reagir, mas a verdade é que – exceto pela máquina gigante que se mexe e faz barulho – não sinto nada. Visto minha roupa novamente e fujo desse clima polar. Meu dia continua sem grandes alterações.

A semana passou rápido e eu estou cuidando bem da minha dieta, especialmente porque há um surto de gripe H1N1. Cada vez que entro no hospital, é um desfile de pessoas com máscaras, com pavor de contrair o vírus. Entendo que se você está em um grupo de risco, deve tomar mais cuidado, mas eu me sinto bem, continuo com a minha dieta vegetariana e sempre tomo minhas algas, para ajudar no meu processo de desintoxicação. Como muitas folhas verdes para ajudar na oxigenação dos meus tecidos, porque o objetivo da radioterapia é preservar meu seio matando todas as células cancerosas e também boa parte das células saudáveis, que devem ser substituídas. Tento dar ao meu corpo todas as ferramentas de que ele precisa para se regenerar: ômega 3 e gorduras boas são parte do meu menu constantemente. Evito lugares como shoppings, cheios de gente, para não me expor ao vírus da gripe, mas continuo com as minhas aulas de Pilates duas vezes por semana. No resto dos dias, não faço nada, de certa forma sinto que devo poupar minhas energias.

    Estamos na metade da segunda semana e meu seio está como se eu tivesse feito topless sem protetor solar, bem queimado. Não tenho feridas, mas não aguento usar sutiã. Minha pele está muito irritada e sensível, especialmente a materiais sintéticos. Estou usando desde o início um desodorante especial e dermatologicamente testado para uso oncológico, mas a médica me pediu para começar a usar cortisona e não desodorante, porque minha axila está literalmente cor de café. Estamos em abril, mas o clima resolveu não cooperar. Todos os dias a temperatura atinge 35 graus. Então, além de ter de me esconder do sol – como parte do cuidado com a radioterapia –, minhas axilas transpiram loucamente, e sem a ajuda de um desodorante fica difícil. Mas eu não reclamo. Desde que descobri o meu AV, tudo parece sem importância e sempre encontro consolo ou solução. Espero que isso se mantenha para o resto da minha vida, e se assim for, vai ter valido a pena passar por esse processo, nem que seja apenas para aprender a levar a vida com a facilidade dos dias de hoje. De repente, a vida parece tão simples e muito mais leve.

    Chego para mais um dia de tratamento. Completo o décimo dia e do nada meu corpo parece pesar mais, me sinto cansada. Não é um cansaço da cabeça ou mental, é um cansaço físico. Custo a levantar de manhã, mas sigo a rotina, atendo aos pacientes que iniciaram o tratamento no começo do ano e por nada no mundo deixo de levar Rachel à escola. Não posso mais buscá-la duas vezes por semana e fico meio chateada. Sei que não é nada sério, mas independentemente de o meu AV ter um diagnóstico positivo, confesso que as coisas cotidianas são as que mais aprecio e valorizo.

    Apesar do cansaço, não quebrei minha rotina de subir os três andares da clínica a pé. Confesso que a subida me deixa com o coração saindo pela boca, mas é uma maneira de ajudar meu corpo a se esforçar e se oxigenar.

    Ao entrar na sala, vejo as mesmas pessoas de sempre. Enquanto quem trabalha no hospital é muito caloroso, os pacientes são tão frios quanto os quartos em que somos tratados. Todo mundo tenta manter a sua privacidade e sua barreira de proteção. Minha lógica me diz que deveria ser o contrário, mas deixo rolar.

    Espero imersa no silêncio e na indiferença dos pacientes. Sempre carrego um livro que me faz companhia e me ajuda a passar o tempo. Geralmente a espera não é muito longa, mas às vezes é preciso fazer a manutenção nas máquinas e podem atrasar consideravelmente. Seja como for, hoje minha atitude é outra, não reclamo, apenas agradeço a oportunidade de receber tratamento e sigo em frente.

Minha leitura é interrompida por um estrondo de pranto e gemidos. Vejo uma mulher de cerca de setenta anos saindo do tratamento. Sua enfermeira particular empurra sua cadeira de rodas enquanto ela chora e tenta arrumar a peruca de longos cabelos vermelhos. Ela está chorando e reclamando, e sua dor me perturba. Observo sua luta para continuar sendo quem havia sido a vida toda, as roupas caras, as bolsas e joias exageradas ainda fazem parte de seu vestuário, mas ela está perdida na própria história, que não lhe serve mais. A enfermeira luta para mantê-la sentada no lugar e um filho – que segue as tendências sociais da mãe – observa do outro lado, tentando encontrar sua progenitora entre gemidos e choro.

São tantas as histórias que você pode imaginar assistindo a cada pessoa, a cada paciente, que certamente me sinto afortunada e grata por minha condição. Há uma gama de intensidades e dificuldades nessa doença, e eu fiquei com um nível fácil. Por isso agradeço pela compaixão que a vida teve comigo. Algumas pessoas não entendem o meu pensamento, mas eu sempre preferi ver o copo cheio e pensar que as coisas poderiam ser muito piores em vez de reclamar e ficar angustiada. Há pessoas que poderiam ser consideradas estando muito melhores que eu porque não têm esse desafio, mas meu espírito positivo e minha fé não me deixam pensar assim.

Entro na sala com meus seios expostos e começa o ajuste das coordenadas. Aos poucos, fui perdendo o pudor e, agora, ficar com os peitos expostos é apenas parte do processo.

Meu humor vem mudando gradualmente – não é o meu estado de espírito, mas meu humor mesmo. Já estou quase na metade do tratamento e percebo que, se estiver ocupada e não conseguir dormir cerca de trinta minutos após o almoço, o cansaço é muito intenso. Fico mal-humorada e irascível, por isso me esforço para reduzir meu ritmo ainda mais nas últimas duas semanas, em prol da sanidade mental da minha família!

Meu seio está tão sensível que até uma leve brisa incomoda. Minha filha zomba de mim porque agora só ando sem sutiã. Sou como uma cobra mudando de pele e qualquer coisa me irrita. Se antes eu costumava andar com sutiãs Victoria's Secret que ajudavam meus seios a parecer que ainda estavam em seus anos de glória, agora tenho de me conformar em vê-los cansados, feridos e um pouco mais caídos que de costume.

Esta semana é feriado de Páscoa e daremos uma escapadinha até o litoral com as crianças. Sei que não posso tomar sol, por isso, me comprometi a não me expor e aparecer na praia apenas no pôr do sol. O calor continua assolando a cidade e eu preciso de uma mudança de cenário, de ares. Como já fiz quase três semanas de tratamento, me permitiram umas férias do hospital e poderei ficar quatro dias sem tratamento. Agradeço por essa folga para que minha pele possa descansar e se recuperar da radiação. Eu amo o mar e anseio por chegar logo para poder simplesmente contemplá-lo.

Saio da sala de radiação e me despeço desejando a todos um bom feriado. Na recepção, noto que todos celebram o último dia do tratamento de uma paciente que eu já tinha visto umas duas vezes. Sei que ela está tratando um tumor na cabeça porque, com a radiação, perdeu cabelo na região tratada. Tem mais ou menos a minha idade e está sempre acompanhada da mãe. Apesar do tumor em seu cérebro, suas funções motoras parecem intactas.

Ela chora como uma criança, olha para mim e me cumprimenta. Eu olho de volta, felicitando-a por haver completado o tratamento. Damos um abraço e, embora não nos conheçamos, sei que ela precisa de um ombro amigo.

Ela chora e diz que não quer voltar para casa. Não consigo entender sua tristeza. Não deveria ser uma alegria o fim do tratamento?

Ela me conta que é de Minas Gerais e que ficou em São Paulo por um mês, morando com a mãe, para se tratar. Divorciou-se pouco antes de descobrir o seu problema de saúde, nunca recebeu um telefonema de seu ex-marido para ver como estava ou entender o seu diagnóstico, e isso lhe dói muito. Ela tem de voltar para suas memórias, sua casa, sua história e sua rotina, e está assustada. Embora eu ainda não consiga me identificar com essa fase do tratamento, peço-lhe que se acalme e se alegre, que tenha fé e desfrute de seu triunfo, sua conquista. Dou-lhe um beijo e desejo toda a sorte do mundo. Trocamos números de telefone, caso ela queira conversar, mas sei que provavelmente não vamos mais nos falar depois que ela retomar sua história.

Ao entrar no quarto para trocar de roupa, encontro a moça que tem se tratado no horário seguinte ao meu nos últimos dias. Ela me cumprimenta simpática e pergunta qual região do corpo estou tratando. Coincidentemente, ela também tem um problema de mama, mas no lado direito. Imediatamente as teorias de Hamer começam a rondar minha cabeça e penso se ela terá tido algum problema com o pai ou marido, mas logo volto à realidade. Ela me pergunta se meu seio está escuro e irritado e eu digo que sim. Convido-a a dar uma olhadinha embaixo do avental e ela diz que o dela está igualzinho – surpreendentemente vejo alívio em seu rosto, o consolo de poder se identificar com alguém. Ela também viajará no feriado, nos despedimos com a cumplicidade de nossas mamas e desejamos uma à outra um bom descanso da radioterapia.

É hora de descer para a praia e meu marido está com receio de pegar quilômetros e quilômetros de trânsito parado, estressado para chegar à estrada antes de ficar tudo congestionado. Tento acalmar sua ansiedade, mas não adianta, então, fico em silêncio, apenas observando sua capacidade tipicamente paulistana de fugir do trânsito.

Finalmente, pegamos a estrada e eu começo a me lembrar da primeira vez que fiz esse trajeto, quase seis anos atrás, quando tinha acabado de chegar a São Paulo. Nunca me esqueço de como me impressionou a exuberância da natureza, as árvores são tão frondosas que parecem brócolis gigantes (risos). Lembro que foi bem isso que pensei: essa vegetação é tão densa que as árvores parecem brócolis. É o verde mais intenso que já vi! O Brasil é inegavelmente o país das mais belas florestas – e olha que estamos bem longe da Amazônia. Aproveito a paisagem da serra mais uma vez. Sempre acho essa estrada maravilhosa, mas hoje o meu olhar é diferente, mais calmo, mais paciente, mais profundo. Penso e peço que todos os meus sentidos, que se intensificaram nesse processo, permaneçam assim para o resto da vida. Não quero esquecer o que aprendi e descobri. Por mais doloroso que tenha sido o processo, me esforcei para vivê-lo da forma mais consciente e espiritual possível. Os sentimentos que descobri nas profundezas da minha alma fizeram essa viagem digna de ser vivida, e não quero me esquecer deles com o passar do tempo.

 Depois de algumas horas nessa belíssima estrada de serra, chegamos à casa de praia. Eu havia me esquecido de um pequeno detalhe: os cerca de quarenta degraus que temos de subir para chegar até a porta. Fico cansada só de olhar! O calor também não facilita as coisas. Lembro-me dos degraus que subi e desci todos os dias para chegar à radioterapia e de repente me sinto com mais coragem. Tomo fôlego e começo a subir. Minha cabeça me diz para pisar no acelerador e subir correndo, como antigamente, mas meu corpo me freia, lembrando que agora estou em outra fase. Se tem uma coisa que ainda não consigo coordenar é o meu estado mental e físico, e imagino se algum dia eles voltarão a ficar sincronizados.

 Chego até em cima meio sem fôlego, mas meus companheiros de viagem estão tão acabados quanto eu, por isso dou risada. É noite e estamos cansados da viagem, mas minha mente já agradece pelo ar mais limpo que respiramos e pela mudança de cenário. Amanhã vai ser outro dia.

Ao acordar, ouço a distância o barulho do mar. Isso me rejuvenesce; olho pela janela e o céu não tem nenhuma nuvem, o que é raro. Instintivamente, minha mente quer se lamentar por eu não poder ir até a praia e desfrutar do mar, mas interrompo esse tipo de pensamento e digo a mim mesma que escolhi estar aqui e devo aproveitar a viagem dentro das minhas possibilidades.

Depois do café da manhã, todos se preparam para ir até o mar e começo a perceber um sentimento de culpa neles por me deixarem sozinha na casa. Digo a eles que parem de se sentir assim, que eu quis vir mesmo sem poder ir à praia, que vou curtir a vista até o fim da tarde e que eles podem curtir à vontade. Fico contente por reagir de modo tão sereno.

Combinamos que eles voltarão para almoçar às três da tarde. Sento na frente do computador depois de ajeitar os alimentos para o almoço, mas sou invadida por um cansaço tão profundo que não consigo ficar de olhos abertos. Conto quantas horas dormi na noite anterior e esse sono todo não faz sentido. Tento lutar contra o cansaço, mas não consigo. Como um zumbi, vou até o quarto e prometo a mim mesma que vou só deitar uns minutinhos, mas mergulho no sono mais profundo e acordo três horas depois! Não sei se ponho a culpa no calor de 36 graus ou no tratamento, mas trato de descer para a cozinha rapidinho, antes de ser flagrada na minha preguiça.

As crianças chegam sorrindo, trazendo picolés para depois do almoço. Dizem que trouxeram um de coco, o meu favorito! Agradeço a gentileza. Meu marido me chama para tirar um cochilo depois do almoço, mas digo que estou sem sono e tenho de trabalhar, sem revelar que passei o resto da manhã dormindo.

Às cinco da tarde, o sol já começa a se esconder nesse horário de inverno, e posso ir dar uma volta à beira-mar. Enquanto os outros assistem à televisão, decido caminhar um pouco na areia.

Percorro toda a praia e agradeço pela oportunidade de ter um descanso do tratamento e da loucura da cidade. Curto cada pisada na areia, deixando que a água do mar me molhe à vontade.

Os quatro dias de feriado passam rapidamente e devo confessar que dormi todas as manhãs enquanto o pessoal estava na praia. Tenho tido muito sono, mas não estou necessariamente cansada, apenas com muita vontade de dormir. Enquanto os outros estão na praia, durmo um pouco e, quando eles estão cochilando, sou eu que dou uma voltinha. Primeiro, pensei que fosse o calor intenso o culpado pelo meu sono, mas agora acho que é simplesmente o efeito da rádio, então me permito dormir à vontade. Admito que não contei a ninguém, não queria preocupá-los ou fazê-los pensar que eu estava me sentindo mal. Não era o caso, era simplesmente uma fadiga intensa.

Minha mama também se recuperou, coitadinha. Usei litros de creme para ajudar na cicatrização e para que ela pudesse aguentar os últimos dez dias de tratamento. Falta pouco e eu já começo a quebrar números, como de costume. Digo a mim mesma que falta só um terço, menos da metade, e rio sozinha dessa minha estranha mania de transformar os números.

Chegando a São Paulo, eu me sinto renovada, com as baterias recarregadas. Na minha consulta no hospital, sou recebida com familiaridade pela equipe do estacionamento. Eles sabem que sou paciente de radioterapia. Desde o início, o hospital nos fornece um crachá para colocar no carro, assim, na hora de estacionar, eles tentam deixar o mais perto possível, para que não tenhamos de esperar muito. Depois de vinte dias, já nos conhecemos e sabemos nossos nomes. Essas pequenas amizades – ainda que temporárias – fazem toda a diferença no tratamento e por elas eu sou muito grata.

Entrando na sala de espera, dou boa-tarde a todos, como sempre, sem esperar uma resposta dos outros pacientes, como normalmente acontece. Mas hoje foi diferente, uma senhora de olhar doce me cumprimenta simpática do outro lado da sala. Seu olhar me convida a me sentar na cadeira vaga ao seu lado e, assim que me sento, ela começa a colocar para fora tudo que, aparentemente, estava segurando desde o primeiro dia de tratamento.

Ela me agradece por ouvi-la e conta que está com AV de colo do útero, papiloma, fazendo rádio e quimioterapia há uma semana. Mora nos arredores de São Paulo. O namorado da filha faz a gentileza de trazê-la de carro, para que a viagem não dure mais do que uma hora e pouco. Ela me conta que, desde que começou a vir, nunca nenhum dos pacientes falou com ela, e isso a deixa muito triste. Imagino que tenha uns cinquenta e poucos anos. Como vem do interior, tem um aspecto um pouco diferente dos outros pacientes que frequentam o hospital – ela sente falta de pessoas mais doces e amáveis. Tento consolá-la dizendo que é assim mesmo, aparentemente, as pessoas estão imersas na tristeza do tratamento e se desconectam do resto do mundo. Explico a ela que venho sempre no mesmo horário e que nunca nos faltará assunto.

E assim, desde aquele dia até o final de meu tratamento, tive um rosto amigo com quem conversar e conheci a história do AV de uma mulher que sentia raiva por não entender por que tinha ficado doente se o marido tinha sido o único homem com quem tivera relações sexuais. Às vezes, ela ficava em dúvida e me perguntava se eu achava que ela tinha adoecido porque ele tinha sido infiel. Essas conversas reforçaram ainda mais a importância de compreender o que pode ter causado o AV, seja uma causa emocional ou física, e foi por isso que encontrar meu caminho nas teorias de Hamer ajudou na minha recuperação: ao entender a causa, pude seguir em frente com calma, enfrentando os desafios que apareceram pelo caminho com fé e esperança.

Hoje, esse rosto amigo aparece no meu WhatsApp de vez em quando. Falamos um "oi" e perguntamos como vai a vida, especialmente a saúde. Não importa que talvez nunca mais voltemos a nos ver, o importante é que nós compartilhamos algo que nos ajuda a falar a mesma língua, apesar das diferenças.

Os últimos dez dias de radioterapia estão no fim. Tentei viver cada um desses trinta dias com o maior grau de consciência e compaixão possível para com os outros pacientes, porque sempre senti que – como o grau do meu AV era menos dramático que o da maioria – eu devia usar essa experiência para fortalecer e encorajar os outros. Afinal de contas, sou uma coach e acho que serei assim pelo resto dos meus dias.

Já pedi a você anteriormente que, se alguma vez conhecer alguém com AV, tenha compaixão e encontre forças para se fazer presente e dar apoio. Qualquer detalhe pode fazer a diferença.

Percebi que as pessoas não sabem lidar com tais situações, e isso é compreensível. Essas coisas nos colocam face a face com a possibilidade da morte, de frente para a fragilidade da vida, que é o que a maioria das pessoas evita. Vivemos em um mundo de imagens e vidas perfeitas de Facebook, ninguém quer pensar na possibilidade de ter um AV, perder o cabelo e talvez morrer. Mas é necessário fazer um esforço para ajudar quem precisa passar por essa situação e sair dela com a maior tranquilidade possível.

Há tantos casos de mulheres abandonadas por seus maridos após um diagnóstico de AV de mama ou passar por uma mastectomia. Quando não somos parte dessa realidade, entendo que não podemos ter consciência da situação. Há todo um estigma em torno dessa doença e, sem maiores pretensões, espero que, se hoje você está lendo este livro, guarde estas palavras em algum cantinho do seu coração para ter compaixão de alguém que possa estar sofrendo de qualquer doença crônica.

Amanhã é meu último dia de radioterapia. Passou tudo muito rápido, mas ao mesmo tempo muito devagar. Eu tenho emoções misturadas e me lembro do dia em que eu não entendi por que aquela mulher chorava no último dia de tratamento. Acho que vou descobrir amanhã – tem muita gente no hospital a quem quero agradecer. Dedico o resto da tarde a escrever notas de gratidão e fazer cookies para dar às pessoas que quero que saibam quanto agradeço e valorizo sua bondade e solidariedade. Com isso, espero encorajá-los a sorrir e ter a mesma simpatia com os pacientes que conhecerem no futuro.

Vou para a cama e meu marido me lembra que amanhã é o meu último dia de radioterapia. Eu sorrio. Apesar de estar cansada, agradeço que o tratamento está no fim. Minha pobre mama já aguentou tudo o que podia e também o meu corpo está me cobrando a fatura do cansaço. As aulas de Pilates parecem um desafio cada vez maior. Durmo cansada, mas agradecida por ter tido a oportunidade de me tratar.

São Paulo amanhece nublada, e esse tempo aumenta minha nostalgia. Fico surpresa tentando entender por que me sinto triste e melancólica como a paciente que chorava no último dia de tratamento e não queria ir para casa. Tomo consciência de meus sentimentos e trato de enfrentar o dia com um espírito diferente, de celebração e alegria por essa conquista. Ao mesmo tempo, quero entender o porquê dessa tristeza para poder dividir isso com outras pessoas que talvez enfrentem uma situação parecida.

Quando temos uma doença crônica, seja ela qual for, nos desconectamos totalmente de nossa realidade anterior e entramos em uma espécie de submundo, como se fosse uma bolha. É um mundo que não conhecemos, com obstáculos, decisões e emoções que não nos preparamos para enfrentar. De repente, tudo gira em torno de nossa saúde. Para quem tem sorte e acesso a tratamento – como eu –, começa uma rotina de consultas médicas e terapias que preenchem nossa vida com diferentes eventos e pessoas que tentam nos fortalecer e encorajar. Pessoas que conhecem a doença e o processo e entendem nossos medos e dores. Pessoas com sensibilidade para nos amparar nesses dias, sempre com o objetivo principal de melhorarmos e vencermos essa batalha.

Hoje é o último dia, é dia de fechar o ciclo. Sou invadida pelo medo de ter de voltar à minha antiga vida, minha antiga realidade, sendo uma pessoa diferente. Eu me pergunto se conseguirei retomar a vida tranquilamente, com fé. Cheguei ao final dessa estrada e me pergunto se poderei viver em paz, sem medo do que aconteceu. Se conseguirei – por mais absurdo que pareça – ter uma vida normal, como antes.

Só preciso seguir em frente para descobrir essas respostas. Faltam algumas consultas médicas para decidir qual tratamento adotar daqui em diante e, apesar de estar ainda um pouco aflita e com dúvidas, retomo minha rotina. Hoje é o meu último dia de radioterapia. Confesso que me dá certa melancolia, penso em meus medos e inseguranças, mas vivo o dia de hoje como um dia de celebração, agradecendo a todos que participaram do processo.

13
UM POUCO MAIS DE DECISÕES

Já se passaram cinco dias desde que terminei o tratamento e sinto que tenho muito tempo livre. Ir ao hospital por trinta dias seguidos e passar pelo menos uma hora e meia lá encurtava bastante os meus dias. Além disso, como depois que eu chegava em casa ainda dormia uns 40 minutos, as quatro horas da tarde – hora de buscar minha filha na escola – chegavam rápido. Estou feliz por ter terminado essa parte do tratamento e o médico me disse que, após a análise imunológica da amostra do tumor, não precisarei de quimioterapia. Sou muito grata por todas as oportunidades que a vida me deu, mas ainda estou meio triste.

Não é só essa tristeza que não consigo explicar. Sinto também um pouco de ansiedade, tento entender meu estado de espírito, mas não é fácil. Se eu pudesse explicar em poucas palavras, seria como dizer que não sei como viver a partir de agora. Não consigo acordar de manhã e começar o meu dia como fazia antes de descobrir o AV. Há algo na minha cabeça que está me perturbando. Não sou a mesma pessoa de antes do AV. Sei que isso pode soar poético demais ou clichê, mas eu realmente acho que nenhuma pessoa que tenha passado por um AV consegue dizer que é a mesma depois. E essa mudança não necessariamente é para melhor. Há pessoas que naufragam em tristeza e raiva da vida, e há outras que ficam agradecidas por essa segunda oportunidade e querem viver com mais consciência e melhor.

Sinto angústia e uma vontadezinha de chorar. Minha radioterapia acabou, mas ainda tenho outras decisões a tomar e isso me perturba tanto ou mais que a decisão de fazer ou não radioterapia. É que, como protocolo para o meu tipo de AV, devo tomar um remédio de nitrato de tamoxifeno durante cinco anos, o que me dá um pânico terrível.

Eu deveria ter começado depois de terminar a rádio, mas nesses últimos dias estive tentando encontrar uma alternativa mais natural de tratamento.

Uma das surpresas mais agradáveis que esse AV me trouxe foi conhecer Gustavo, o médico que tratou a prima da arquiteta que está reformando nossa casa. Ouvi falar dele por acaso, quando a arquiteta ficou sabendo do meu diagnóstico, durante a elaboração do projeto de reforma. Foi assim que decidi marcar uma hora com ele.

No dia da consulta, eu estava um tanto desanimada. Não queria ver outro médico que tentasse me impor suas ideias e conhecimentos, queria alguém que entendesse minha posição e meu ponto de vista sobre medicina e remédios.

Cheguei à consulta na hora marcada, às 10h30 da manhã, mais ou menos após a segunda semana de rádio. O lugar era uma espécie de miniclínica ou centro médico que ele dividia com outros especialistas. Era um ambiente agradável, e o valor da consulta estava acima da média dos outros médicos. Pode-se dizer que o seu valor era alto, mas os detalhes na clínica explicavam por quê. Eu estava com medo de encontrar outro daqueles médicos da moda – dos quais existem muitos no Brasil – que, quando alcançam certa fama, perdem o foco na medicina e começam a cobrar preços absurdos. Contudo, graças a Deus e ao trabalho árduo do meu marido, tenho um bom plano de saúde e pretendo aproveitar seus benefícios. É agora ou nunca!

Enquanto espero na sala, apreciando cada um dos detalhes que me cercam, entra uma senhora um pouco idosa, com jeito de médica. Ela já chega perguntando à secretária sobre o Dr. Gustavo, senta-se ao meu lado e pergunta:

– Ele é maravilhoso, né? – Respondo que não o conheço e que, na realidade, aquela era minha primeira consulta. Ela olha para mim como se eu tivesse cometido um pecado capital e diz: – Você ainda não viu o currículo dele, é sensacional...

A esta altura da conversa, estou me sentindo ignorante e me perguntando onde é que eu fui me meter. Timidamente, respondo às suas perguntas, quando, de repente, a porta se abre e a senhora passa do português a um francês perfeito para saudar o belo rapaz que entrava na recepção. Obviamente, não entendi nada da conversa, mas fiquei entretida com a melodia do idioma. Acabo me lembrando que estudar francês é um dos itens da minha lista de coisas a fazer. Eles trocam algumas palavras que não entendo e fica visível a admiração da mulher pelo jovem que não conheço. Eles se despedem com beijos e abraços afetuosos.

Em seguida, ele fala com a secretária, examina alguns papéis, olha para mim e diz: – Andrea, você é a próxima. Vamos lá?.

Era o meu médico da vez.

Ao entrar na consulta, me agradam sua aparência e sua energia. Olho em volta e vejo embrulhada em plástico e encostada na parede uma de minhas pinturas favoritas, "O Beijo", de Gustav Klimt. Comento que adoro aquele quadro, amo a gama de cores e o amor e a ternura que aquele casal inspira. Ele me conta que tinha acabado de comprá-lo no exterior, ao que eu sorrio, porque sei que é um bom começo. Não é mero acaso e encaro como um bom sinal essa conversa entre dois Gustavos, o médico e o artista.

Ele me pergunta amavelmente como pode me ajudar. Conto toda a história do meu AV e, para fechar com chave de ouro, comento que estou ali porque não quero tomar o remédio. Nunca fui boa em enrolação e vou direto ao ponto.

Ele me responde que é o protocolo e que devo tomar o remédio sim, mas me convida a analisar a minha situação e ver o que pode ser feito. Mergulha nos milhões de exames e mamografias que eu trouxe. Não é pouca coisa e sei que ele vai demorar algum tempo olhando aquilo tudo, então deixo que meus olhos vagueiem e explorem o ambiente ao nosso redor.

Como adoro ler, meu olhar se fixa na estante de livros. Constato maravilhada que ele tem muitos livros de autores norte-americanos que eu conheço e que me foram recomendados quando eu estudava para ser coach de saúde no Institute for Integrative Nutrition de Nova York. Começo a sentir um alívio e relaxo os ombros. Finalmente baixo a guarda e percebo que minha muralha de proteção vai se desfazendo suavemente.

Não me lembro exatamente dos títulos dos livros, mas estava claro que ele entendia que a alimentação é a chave para uma boa saúde e para melhorar a qualidade de vida de um paciente. Ficou óbvio também que ele acreditava em uma medicina integrada. Eram termos que apareciam várias vezes em sua biblioteca. Tento avançar em minha maravilhosa descoberta, mas ele me interrompe dizendo que temos a mesma idade: 43 anos. Pergunto se ele é brasileiro e ele diz que sim, embora tivesse estudado um tempo nos Estados Unidos. Nesse momento, admiro o fato de ele ter retornado à sua pátria para disseminar seus conhecimentos. Pedindo licença ao amor eterno que sinto por meu marido, fico olhando para o médico com uma espécie de amor platônico baseado em ideais de vida e no amor por uma vida saudável. Suspiro.

Gustavo utiliza muitas ferramentas não convencionais em seus tratamentos. E, quando digo não convencionais, me refiro a métodos que geralmente não vemos em clínicas tradicionais: bioressonância, massagem com mel, medicina antroposófica, medicina quântica. A verdade é que não sei tudo o que sua prática inclui, mas percebo que seus conhecimentos incluem diversos fundamentos e filosofias que tenho certeza que poderão me ajudar nos próximos passos.

Enquanto ele analisa minha papelada, comento que sou coach de saúde e falo um pouco sobre o meu trabalho. Ele escuta com atenção. Explico que na maior parte da minha vida fui uma pessoa muito saudável, sempre pratiquei esportes, não fumo e bebo muito pouco etc. Continuo desfiando meu rosário até que ele me interrompe e diz que isso pode acontecer com qualquer um: jovens, idosos, pessoas saudáveis ou não, ricos e pobres. Existem inúmeras teorias e pessoas com diferentes condições e idades. As suposições sobre as causas variam. Na verdade, as causas podem ser infinitas.

Digo então que o meu AV foi de origem emocional, que sei e senti isso desde o primeiro dia. Ao ouvir tal afirmação, Dr. Gustavo deixa os exames de lado e passa a escutar com mais atenção.

– Como assim? – pergunta.

Digo que no último ano estive fazendo os preparativos para meu filho mais velho sair de casa para estudar no exterior, o que foi um processo muito forte, que reviveu dores e medos escondidos nos últimos dez anos. Ainda que eu sempre soubesse que um dia ele iria sair de casa para estudar nos Estados Unidos, a vida passou tão rápido que, quando chegou a hora, eu não estava pronta emocionalmente. Chorei e sofri meu pesar em silêncio por vários meses, porque não queria perturbar o resto da família, especialmente ele. Apenas queria que ele viajasse tranquilo. Reforço que sempre gozei de boa saúde e que nos últimos três anos de mudança de hábitos me senti ótima, tanto física como emocionalmente. Minha imunidade está excelente há mais de dois anos, nunca fico doente, apesar das gripes terríveis que meus filhos levam da escola para casa. Digo que estou no melhor momento da minha vida.

Ele me escuta com atenção e isso me faz bem.

Continuo explicando que meu AV chegou no melhor momento da minha vida, quando me sentia mais saudável e realizada como mulher e profissional, que meu instinto me disse desde o início que o AV era uma maneira de meu corpo se livrar do sofrimento causado pela partida do meu filho e de todos os medos que tive nos meus anos de mãe divorciada.

Ele tenta me interromper, mas eu não deixo, com medo que ele me desacredite sem me dar oportunidade de falar tudo. Por fim, pergunto se ele conhece as teorias de Hamer, da nova medicina germânica.

O jovem médico sorri sutilmente e diz que sim. Fico surpresa e digo que, de acordo com suas teorias, um AV na mama esquerda acontece quando temos um problema ou experiência forte com um filho. Ele me encara e, num piscar de olhos, saca uma publicação do Dr. Hamer para consulta. Certamente, a nova medicina germânica não lhe é estranha. Ele confirma a informação dizendo que sim, conhece a teoria e acredita que, embora o AV possa ter sido causado por uma emoção, não temos como garantir isso e que o tratamento deve ser considerado, como forma de resolver todas as causas possíveis, incluindo a emocional. Fico emocionada e bem impressionada.

A vida me emociona, Deus me emociona – se me permitem dizer isso – porque orei tanto para me curar e quem sou eu para pedir isso? No fim das contas, meu destino é meu destino. Se devo partir neste momento, é preciso respeitar e evoluir da melhor maneira possível. Mas sim, pedi muitas vezes que Ele me guiasse e pusesse no meu caminho os passos que eu deveria seguir para enfrentar esse desafio de forma adequada. Hoje, Ele colocou em meu caminho um médico atípico. Claro, não tenho dúvida de que existem cada vez mais médicos com essa visão de medicina integrada, mas eu pensava que era um perfil mais comum nos Estados Unidos. Descobrir o meu Gustav Klimt em São Paulo, por recomendação de uma pessoa que nunca vi, é certamente um ato divino.

Foram muitas as descobertas na minha consulta com o Dr. Gustavo. Primeiro, descobrimos que meu conteúdo de mercúrio e chumbo estava alto. Existem alguns estudos que associam AV de mama a altas concentrações de metais no sangue. Tento pensar no que poderia ter causado isso e só me ocorre pensar que até os 21 anos vivi no Chile, um dos países com maior poluição ambiental. O chumbo é um metal presente no ar nos dias de inverno, quando a chuva é muito rara. Também me lembrei de meus dias de criança, nos quais minha avó, minha mãe e a maioria das mulheres fumavam ao meu redor, criando uma nuvem tóxica em torno de mim. Eu odiava cheiro de cigarro naquela época e odeio até hoje. Lembro-me dos dias de sábado, quando passávamos a tarde jogando baralho na casa de minha avó. A mulherada fumava o dia todo e eu saía com a roupa e o cabelo impregnados de cigarro. Sem dúvida, se elas soubessem os riscos de saúde que eu estava correndo, não teriam fumado tão livremente, mas nos anos 1970 ainda não tínhamos tais referências.

Em minha conversa com o médico, ele também me sugeriu fazer o teste genético do tecido removido na cirurgia para compreender a possibilidade de o AV voltar a acontecer e também como aquilo poderia influenciar a saúde da minha filha. Mas, embora se diga hoje que 8% da possibilidade seja genética, na minha família eu sou o primeiro caso de AV de mama. O exame genético é caro, demorado e feito apenas no exterior, mas eu o farei para ter um melhor entendimento da minha situação.

Gustavo e eu decidimos esperar pelos resultados dos meus exames de sangue e testes genéticos para decidir com mais segurança se devo tomar o medicamento ou não.

Entendo que, para a maioria das pessoas, essa talvez não seja uma decisão difícil, mas eu sempre fui natureba e essa decisão pesa muito.

Existe uma série de remédios vendidos sem receita médica para resolver pequenos sintomas ou desconfortos do nosso corpo. Tomamos esses remédios deliberadamente, sem entender de fato o impacto que podem ter sobre a nossa saúde.

São tantas as pessoas que já ajudei com meu trabalho de coach e que chegaram à consulta tomando dois ou três remédios diários, como se fosse uma coisa normal. O omeprazol, por exemplo, é o exemplo mais claro: há pessoas que o tomam por anos, todos os dias, para evitar o sintoma da azia e, quando param de tomar, o sintoma piora.

A maioria dos médicos não pergunta aos pacientes como eles se alimentam ou se é possível mudar a alimentação para melhorar o problema da acidez e deixar de precisar de um remédio diariamente.

Meu filho, por exemplo, com dezoito anos, sofria diariamente de azia, mas eu nunca o deixei tomar omeprazol. Várias vezes fiz o rapaz consumir produtos mais naturais para aliviar o problema, mas ele vivia me pedindo para levá-lo ao médico. Eu sempre disse que não, porque sabia que o seu problema era a quantidade de suco de uva que bebia todo dia, cerca de três litros. As brigas eram constantes, até que um dia parei de comprar qualquer tipo de suco e ele teve de começar a beber apenas água. Resultado: ele nunca mais teve azia. Se eu o tivesse levado ao médico, a recomendação seria omeprazol. Meu filho teria começado a tomar o remédio, mas o suco de uva ainda seria parte do seu dia a dia, ou seja, a causa do problema não seria combatida e a única maneira de ele se sentir melhor teria sido continuar tomando o remédio.

Parece óbvio e simples, mas como coach de saúde descobri que a maioria das pessoas não tem esse grau de consciência com o seu corpo. Há tantas drogas que tomamos constantemente sem saber o impacto que têm sobre nosso corpo. Muitos desses remédios estão no mercado há mais de trinta anos e estamos conhecendo agora os seus efeitos. Existem teorias que hoje declaram que o uso prolongado de omeprazol pode ser a causa de demência senil, mas tal afirmação só pode ser confirmada com estudos de longo prazo.

Isso significa que as empresas que vendem esse medicamento estão agindo mal? Claro que não. Eu mesma já tomei omeprazol várias vezes. A última foi após a cirurgia da mama, porque os antibióticos e anti-inflamatórios irritaram meu estômago. Para ajudar com a queimação, tomei o remédio por dez dias e, obviamente, me ajudei com uma alimentação adequada para aliviar a dor.

Mas foi um tratamento que teve um começo e um fim, com uma causa conhecida. O problema é que nós, como consumidores, deixamos a responsabilidade sobre nosso corpo para os outros e não questionamos nem nos educamos sobre os diagnósticos e tratamentos que nos são oferecidos.

Quando estudei no Institute for Integrative Nutrition, sempre deixaram claro para nós que nunca devemos intervir quando um paciente está tomando qualquer medicação. Não temos o conhecimento nem a autoridade para fazê-lo. Podemos tentar intervir de forma natural para ajudar a melhorar os sintomas e, consequentemente, depois de uma consulta com o médico, o paciente pode prescindir do remédio. Lembro claramente que sempre falaram positivamente quando os remédios são usados de forma ética, especialmente em casos de doenças crônicas.

Ironicamente, como já contei, meu marido trabalha no setor farmacêutico e eu também passei onze anos trabalhando nessa indústria. Há muita controvérsia no mercado farmacêutico. Como em todos os tipos de comércio, há coisas negativas e positivas, mas cabe aos pacientes e aos médicos usar os recursos disponíveis de forma adequada.

Entender por que e para que tomar um medicamento e quais são seus efeitos colaterais é algo que todo médico está capacitado a explicar se fizermos as perguntas certas no momento da consulta. Existem também muitas fontes de referências confiáveis nas quais podemos encontrar informações.

Hoje está fazendo bastante frio, mas o dia está ensolarado. Acordo cedo para levar minha filha à escola. Antes da cirurgia, eu costumava ir direto para a academia. Normalmente faço Pilates duas vezes por semana e natação nos outros dias, mas ainda não posso voltar a nadar por causa do cloro da piscina – pelo menos até que minha pele melhore e também porque o movimento de levantar o braço ainda é muito desconfortável. Eu deveria voltar a fazer musculação, mas a verdade é que preciso de um treinador para me ajudar a pegar o ritmo da atividade física. Sinto pouca energia e, embora não esteja mais dormindo à tarde desde que acabou a radioterapia, ainda fico mortalmente cansada quando acelero um pouco mais a minha frequência cardíaca, especialmente quando subo muitas escadas. Estou tentando dar um tempo para meu corpo se recuperar, mesmo que minha cabeça me diga para ir à academia agora mesmo.

A situação no Brasil está complicada. Estamos passando por uma grave crise econômica e uma crise política ainda pior. As pessoas estão desanimadas e desiludidas, não é fácil manter um espírito otimista nos dias de hoje. Meu trabalho ainda está devagar por causa do meu último mês de tratamento e o estado de ânimo não ajuda.

Estou feliz e grata por estar bem e me aproximando do fim dessa estrada. Sei que agora a vida tem um novo significado para mim, mas estou meio perdida, não me sinto totalmente bem. Como eu disse, é uma sensação de não saber como viver a vida de agora em diante. É como se eu sentisse que não sou mais a mesma, embora ainda não saiba como sou agora.

Sinto muita angústia e alguma vontade de chorar, estou muito triste e confusa, como que paralisada. Alguma coisa não me deixa ir em frente. Mergulho em meus pensamentos, mas o toque do telefone me traz de volta ao planeta Terra.

É minha mãe, que me cumprimenta com a sua nova atitude perante a vida. Digo isso porque reconheço que ela também mudou com o AV. Venho de uma família que está sempre correndo contra o relógio, estressada e nervosa. Eles estão sempre correndo contra o tempo e deve ser por isso que procurei a meditação para me salvar desse mal! Mas, desde que fiquei doente, minha mãe mudou o tom de voz e maneirou no ritmo da conversa. Isso me emociona, mas também me deixa triste. Aprecio que essa tenha sido uma oportunidade para ela também mudar e melhorar, e sinto que coube a mim viver esse processo para ajudar a melhorar todas as mulheres que existem em minha vida e também aquelas que ainda estão por vir.

Minha mãe me pergunta como estou. Normalmente, disfarço quando não estou muito bem, só para não preocupá-la, mas dessa vez não consigo e digo que não me sinto muito bem, desabafo que estou confusa. Não sei como devo viver a vida após esse episódio, não sei se devo tomar o remédio ou não, já não sei mais o que é certo ou errado, o que deve ser parte do meu dia a dia ou não, e magicamente sai da minha boca a palavra-chave: medo. Tenho medo de tomar decisões erradas e ferir os outros.

E assim, em uma conversa por telefone com minha mãe, descobri que o que estava me paralisando e angustiando era o medo de tomar decisões erradas sobre meu tratamento. Medo de ter de passar pela mesma coisa outra vez e colocar novamente minha família numa situação difícil. Ao aceitar que estava com medo, fui para o meu quarto e chorei. Chorei tudo o que não tinha me permitido chorar durante o tratamento e em toda a minha vida. Chorei por mim e por todas as mulheres da minha árvore genealógica, chorei por todos os momentos difíceis e tristes da minha vida.

Chorei tanto que senti que todas as mulheres da minha vida que já não estão aqui comigo entraram no meu quarto e massagearam as minhas costas, me incentivando a chorar e botar tudo para fora, para me curar completamente e assim poder avançar.

Chorei por não ser capaz de controlar as coisas, por não ter a resposta certa ou garantia de nada, chorei por não conseguir prometer à minha família que minha decisão estava 100% correta.

Chorei e pedi perdão pelo medo que sentia. Não era falta de fé, mas apenas a minha condição humana e, assim, entre lágrimas, a vida lavou minha alma, meu medo, minha insegurança.

Com as lágrimas foi embora tudo que não me deixava avançar. E o círculo de mulheres que desceu para me encontrar curou toda a dor que vinha se arrastando por gerações. Limpei o caminho para meus filhos e seus filhos, para minha mãe e seus filhos. Agora, o caminho está livre para ser trilhado sem medo.

14
METAMORFOSE

Quando a vida me impôs esse desafio, eu tinha muitas perguntas e precisava de muitas respostas. Desde pequena, sempre fui organizada e detalhista e tentei me precaver para evitar erros, dentro da minha possibilidade humana. Hoje eu me pergunto se isso era medo de cometer erros.

Esse desafio me obrigou a deixar rolar, viver um dia de cada vez, e só pela aprendizagem já valeu a pena passar por tudo isso. Lemos vários livros e artigos sobre como viver o dia a dia sem fazer projeções. Em meus estudos budistas, esse é um pensamento promovido e praticado constantemente, e é fácil pensar e repetir essa ideia de viver somente o presente, é convincente para o nosso ego. Colocar isso em prática é outra história.

Não é exagero dizer que passei por uma metamorfose. Apenas rezo com intensidade para que o processo não seja reversível ao longo dos anos. Não quero me esquecer do que aprendi e vivi. Vou aproveitar firmemente essa lição de vida.

Em minha primeira consulta médica, não sabíamos se meus gânglios estavam comprometidos, se precisaria de quimioterapia, não sabia como me sentiria com a radioterapia. Havia tantas incertezas que, se eu tivesse escolhido fazer projeções para o futuro e não viver o dia a dia, teria mergulhado na angústia e na loucura que a incerteza pode causar.

Quando criava expectativas e tentava ver o que viria pela frente, o desafio parecia insuperável. No início, eu tinha uma atitude negativa com relação a todos os tipos de tratamentos ou etapas a seguir, mas, quando consegui entender que não tinha controle de absolutamente nada, abandonei minhas apreensões e medos e fiquei livre para avançar passo a passo, descobrindo cada desafio.

Depois do Dr. Gustavo, consultei uma oncologista que ainda não conhecia. Ela me foi recomendada por uma grande amiga, dessas que existem em nossa vida há pouco tempo mas que parecem ser de outras vidas, dessas que aparecem no momento certo.

Na consulta com a oncologista, mostrei os resultados dos testes genéticos que, por coincidência, havia recebido bem na hora de sair de casa. Ela me disse que os meus resultados eram excelentes.

O exame mostrou que, se eu fizesse o tratamento com o medicamento, a possibilidade de a doença aparecer novamente seria de 5 a 10%. Quando perguntei quanto seria sem o remédio, ela disse que não tínhamos como saber. Reconheço que senti raiva quando me surpreendi no momento em que estava querendo deixar a responsabilidade da minha decisão para as estatísticas médicas.

Todo esse medo e angústia que senti nos últimos dias foram unicamente por eu ter de ser 100% responsável por minha decisão. Não tenho medo da morte, esse nunca foi o problema, e talvez por isso tenha sido tão difícil escolher o tratamento. Talvez, se eu tivesse me baseado apenas em meus ideais, não tivesse feito nada e tentasse controlar a situação de forma totalmente natural. Mas não é tão simples, eu tenho uma missão de vida e, portanto, devo fazer tudo o que estiver a meu alcance para cumprir minha parte.

Na conversa com a oncologista, expliquei que tomar remédios era contra meus ideais de vida natural e saudável. Ela percebeu meu desespero por uma resposta que aliviasse o peso dessa decisão, mas me encarou com firmeza e disse que ninguém poderia me dizer o que fazer, aquela era uma decisão só minha. Parece óbvio, mas ajudou muito ouvir isso.

Conversamos sobre o meu trabalho e ela se mostrou muito interessada no que eu faço. Comentou que era o máximo ajudar e encorajar tantas pessoas a viverem melhor e mais felizes. Ela entendia minha visão da morte e respeitava o fato de eu não querer distorcer meu destino com tratamentos médicos, mas teve uma coisa que me deixou pensando. Algo me fez pensar sobre a minha missão de vida como profissional, como mãe. Ela me falou de todas as pessoas que ainda precisavam de ajuda, porque o mundo precisava de pessoas com a minha visão sobre a vida. Sorrindo, falou que eu deveria tentar ficar o maior tempo possível nesta vida para continuar a ajudar aqueles que precisam.

E assim, com essa simples conversa, aceitei tomar o remédio sem peso na consciência e sem medo, livremente.

A minha principal preocupação eram, obviamente, os efeitos colaterais desse tratamento. No início, até fiquei em dúvida se, com a receita médica, eu deveria levar os papéis do divórcio. Os sintomas, em ordem de aparição, eram irritabilidade, secura vaginal, falta de libido, problemas de circulação e risco de trombose etc. Dá para imaginar que com apenas três anos de casamento essa bula poderia significar um divórcio.

Quando discuti os sintomas com o meu marido, começamos a rir e seu olhar cúmplice me fez entender que qualquer um desses sintomas valeria a pena se pudéssemos compartilhar mais tempo juntos. Todos os membros da minha família queriam que eu fizesse o tratamento médico, ninguém se atreveu a me dizer diretamente, mas eu vi sua preocupação e sua ansiedade em meus meses de investigação antes de tomar a decisão, especialmente minha mãe, que cuidou para que cada médico de nossa família ou rede de amigos falasse comigo por algum canal tecnológico para me garantir que os efeitos secundários eram muito raros.

O fator determinante para mim foi apenas um: minha filha.

E eu digo isso com segurança porque meu filho já tem dezenove anos e está na faculdade, estudando no exterior. Sua vida já está tomando forma e ele já é quase capaz de voar com as próprias asas.

Mas a minha filha tem catorze anos e vi, dia após dia, a intensidade com que ela sofreu esse diagnóstico, como uma decepção, como um castigo da vida, porque com a sua idade e experiência de vida ela não consegue vê-lo de outra maneira. Eu senti sua negatividade e raiva, sua frustração e seu medo de viver e só por isso devo lutar para ficar o maior tempo possível ao seu lado, até que ela também possa sofrer essa metamorfose e entender que a vida é bela e vale a pena viver cada segundo.

Eu prometi desde o primeiro dia do diagnóstico que curaria todas as mulheres da minha geração e da minha vida, e minha filha é minha responsabilidade direta, como mãe e como contadora da história das mulheres anteriores, de nossas experiências e sofrimentos.

A médica me convidou a tomar o remédio com uma atitude de "um dia de cada vez", sem pensar nos cinco anos, que podem parecer uma eternidade, e foi isso que fiz.

Estou tomando o remédio há dois meses e já consigo sentir algumas diferenças no meu corpo. No começo, senti que meu nível de energia caiu bastante, mas, quando consegui retomar minha atividade física, as endorfinas fizeram a sua parte, me ajudando a me se sentir mais disposta.

Devo mencionar que também aceitei tomar o medicamento porque, como disse no início, sempre senti no meu corpo um desequilíbrio hormonal que se manifestava fortemente nos meus ciclos menstruais. Agora, estou ciente do meu excesso de estrogênio – meus seios tendem a reter estrogênio, o que danifica seus tecidos. O remédio basicamente faz com que esse hormônio passe a aderir às partículas de tamoxifeno, que emitem um falso estrogênio.

Exceto pela aparição de algumas espinhas no meu queixo, que me fizeram sentir como uma adolescente, não tive quaisquer sintomas que justificassem deixar de tomar o medicamento.

Quando considerei a possibilidade de tomar o remédio, voltei a me consultar com o Dr. Gustavo. Ele queria medir, por meio de diferentes metodologias, qual seria a quantidade de remédio que meu corpo aceitaria. O protocolo recomenda 20 mg por dia, mas Gustavo achava que seguir essa recomendação sem investigar quanto meu corpo aceitaria não seria o mais inteligente a fazer. Assim, topei comprar o remédio e testar em uma de suas máquinas mágicas se o meu corpo o rejeitava ou não e – caso o aceitasse – qual seria a quantidade recomendada.

Cheguei cedo ao seu consultório, convencida de que a máquina rejeitaria completamente o remédio. Eu já tinha usado essa metodologia para nivelar outros fatores, portanto, acreditava plenamente nela. Abrimos o remédio e o colocamos na palma da minha mão. O médico então me colocou na frente da máquina para ver se meu corpo rejeitaria ou não o medicamento e, para minha grande surpresa, a máquina aceitou firmemente o remédio e a quantidade total de 20 mg. O Dr. Gustavo então disse:

– Sorry, mas você deve tomá-lo mesmo assim – Gustavo então disse.

E eu que ainda não tinha entendido o resultado por estar convencida de que iria rejeitar o produto pedi ao médico para rever os miligramas recomendados. Ele me explicou que a máquina tinha confirmado 20 mg e que meu corpo aceitaria aquela quantidade sem problemas.

Confesso que dei até risada. Como a vida pode ser irônica. Fui eu que busquei métodos e tecnologias alternativos para descobrir o melhor tratamento de acordo com minhas crenças, levei bastante tempo fazendo isso e justamente a abordagem que eu escolhi me indicava que eu devia tomar o remédio na quantidade recomendada.

Quando fiz os vários exames médicos para ver o meu estado geral de saúde, descobri que eu estava literalmente em excelente estado, por isso os médicos me explicaram que eu era capaz de aguentar o tratamento tranquilamente, o que faz sentido. A oncologista apenas enfatizou que eu deveria praticar atividade física frequentemente para evitar possíveis riscos de problemas de trombose ou de circulação.

Como amante da vida saudável e natural, muitas vezes sou pouco flexível e acabo sendo rotulada por minha escolha de estilo de vida. Por isso, esse foi o maior teste de readaptação dos meus ideais ao que necessito agora. Tanto é assim, que tive de me reinventar. Mesmo depois de ter sido vegetariana por um bom tempo – creio ser o tipo de alimentação mais compatível com o meu corpo – tive de voltar a comer carne. Após a conclusão da radioterapia, o Dr. Gustavo descobriu em meus exames que meus níveis de ferro eram inexistentes, então, recomendou que eu consumisse pelo menos uma proteína animal uma vez por semana, e é o que estou fazendo.

Vivo o dia a dia na prática, e não apenas em espírito. Hoje vou comer carne, amanhã talvez não. Atualmente, tomo o remédio e não tenho nenhum problema com sintomas. Daqui a um ano, voltarei a visitar os quadros de Gustav Klimt e perguntarei à máquina mágica se é hora de reduzir a quantidade.

De tudo isso, nada é realmente claro ou garantido, apenas a morte. Portanto, nada mudou, estou exatamente igual a qualquer um dos outros dias que vivi, eu só não tinha essa consciência.

Quando fiquei doente e pensei por alguns minutos na possibilidade de morrer, lembro-me de pensar que havia sido extremamente feliz na minha vida. Não havia nada de que me arrependesse. Por isso, se tivesse de partir, partiria em paz e sem arrependimentos por coisas que não tinha feito. Foi assim que sempre pretendi viver a vida e me sinto muito realizada.

Hoje eu tenho mais metas do que antes, porque percebi que atingir essas metas é que traz alegria e satisfação na vida, independentemente de quais sejam elas. Tento me lembrar dos sonhos e devaneios que tinha aos 21 anos, quando parti cheia de ilusões para um país desconhecido, com vontade de conquistar o mundo. Resgatei vários desses sonhos e estou trabalhando para torná-los realidade. Acho que são esses sonhos, formados nessa fase da vida, que estamos predestinados a cumprir e viver como parte da nossa reencarnação. É nessa fase, quando vivemos cheios de ilusões e sem medo, que traçamos os sonhos que mais desejamos, porque ainda não conhecemos muito bem as derrotas e os medos da vida.

Eu não espero mais por situações nem condições perfeitas para fazer o que quero, pois esse tipo de coisa não existe. Se ficarmos esperando pelo momento certo, ele nunca chegará. Acho que isso é crucial para entender os dias de hoje. Vejo o mesmo acontecer com meus pacientes em meu trabalho de coaching. Eles sempre se questionam se esse é o melhor momento para começar a cuidar da saúde, se é melhor esperar um momento mais propício, mais calmo, com melhor situação econômica ou um melhor estado de espírito. Assim, muitas vezes ficamos esperando o momento certo e acabamos não fazendo as mudanças que desejamos nem realizamos nossas metas e sonhos.

Eu acredito mais do que nunca em uma vida saudável, em curar-me por meio de minha alimentação e minha cozinha – foi esse estilo de vida que me permitiu vencer meu desafio sem grandes percalços. Ninguém teria percebido que eu estava passando por esse processo se eu não tivesse contado. Meu corpo nunca mostrou um sinal de falta de saúde ou doença e, por isso sou grata e continuo defendendo meu estilo de vida e meu nível de consciência corporal.

Reinventar-se é o segredo, é uma palavra mágica para a sobrevivência. Aprendi a ser menos crítica e menos drástica, mais aberta a mudanças, e isso tem sido reconfortante e parte do meu processo de crescimento pessoal.

Palavras finais.

Eu sempre soube que deveria escrever um livro, mas não tinha um tema. Essa era uma das muitas pendências à espera do momento perfeito, mas a vida iluminou meu caminho e, por isso, um dia, na esperança de ajudar os outros e para aumentar a compaixão entre os humanos, eu me sentei para contar esta narrativa.

Foram inúmeras as descobertas e pessoas que fizeram parte desta história e deste processo de cura. Parece que muitas coisas mudaram, mas a verdade é que as coisas não mudaram: a vida é a mesma, o que mudou foi a maneira como eu a vivo, encaro e recebo.

Antes de adoecer, eu tinha certeza de que morreria um dia. Hoje, depois da doença, ainda tenho essa certeza. Antes, eu não sabia nem o dia da minha morte nem as circunstâncias. Hoje, continuo não sabendo, apesar de tudo o que aconteceu.

Antes, eu tinha uma consciência intelectual da morte. Hoje tenho uma consciência espiritual, e isso me engrandece, me dá calma e fortalece a minha fé.

O importante não é que vamos morrer, o importante é como chegaremos até esse dia, e isso é construído durante a vida, vivendo.

Humildemente, espero que este livro consiga inspirar você a viver com mais calma e, ao mesmo tempo, mais intensamente. Que tenha ajudado a se livrar de alguns medos que não nos permitem avançar, mas, sobretudo, que estimule você a ser uma pessoa melhor, mais solidária, com mais compaixão pelos outros. O mundo precisa de muito carinho e amor. Há pessoas que sofrem muito e, para elas, um pequeno gesto de carinho faz toda a diferença.

Ao mesmo tempo, desejo que você se anime a adotar um estilo de vida saudável. O corpo é uma máquina maravilhosa e, como explica o Dr. Hamer, na nova medicina germânica, a proliferação celular que produz o AV de mama ou outros é a resposta do nosso corpo aos nossos estímulos. E, enquanto há crescimento de células, existe vida, não morte. É a luta do nosso corpo para sobreviver, não morrer.

Uma doença não é um fim, é uma oportunidade para curar, para escutar o seu corpo, para renascer. Ainda que haja morte terrena, nunca é um final, mas sempre um novo começo.

Quatro gerações da família materna: a bisavó Amanda (ao centro) com a Andrea no colo, a avó Ana (à esquerda) e a mãe Andrea (à direita).

Andrea e o filho, Daniel.

Andrea e a filha, Rachel, em Machu Picchu.

Andrea, no topo de Machu Picchu.

Andrea e a filha, Rachel, na estação de trem Ollantaytambo, onde fica o Vale Sagrado, em Cuzco (Peru).

Andrea e o marido, Sergio, no dia do casamento, em agosto de 2013.

FONTE: Calisto MT
IMPRESSÃO: Paym

#Novo Século nas redes sociais

novo século®
www.novoseculo.com.br